rowohlts monographien
begründet von Kurt Kusenberg
herausgegeben
von Wolfgang Müller und Uwe Naumann

Martin Luther King, Jr.

**mit Selbstzeugnissen
und Bilddokumenten
dargestellt von
Gerd Presler**

Rowohlt

Für Walter Hartmann, Ernst Haenchen, Paul Schwarzenau

Dieser Band wurde eigens für «rowohlts monographien» geschrieben
Den Anhang besorgte der Autor
Herausgeber: Beate Kusenberg und Klaus Schröter
Assistenz: Erika Ahlers
Schlußredaktion: K. A. Eberle
Umschlaggestaltung: Werner Rebhuhn
Vorderseite: Martin Luther King (dpa, Hamburg)
Rückseite: Protestmarsch im Zusammenhang mit dem Busstreik
in Montgomery Mitte 1956 (Foto Bob Fitch)

Veröffentlicht im Rowohlt Taschenbuch Verlag,
Reinbek bei Hamburg, Oktober 1984
Copyright © 1984 by Rowohlt Taschenbuch Verlag,
Reinbek bei Hamburg
Alle Rechte an dieser Ausgabe vorbehalten
Satz Times (Linotron 202)
Gesamtherstellung Clausen & Bosse, Leck
Printed in Germany
ISBN 3 499 50333 6

13. Auflage Februar 2004

Inhalt

Vorwort 7

Das Erbe – Die Geschichte der Schwarzen in Nordamerika 10

Die Geschichte der Familie King 25

Der Erbe – Martin Luther Kings Entwicklung bis 1956 32
Prägende Eindrücke, entscheidende Begegnungen, wegweisende Erfahrungen /
Der Anfang – Der Busboykott von Montgomery /
Berufung / Bewährung / Entscheidung

Das Zwischenspiel – Die Jahre 1957 bis 1962 57
Die organisatorische Basis / Das Echo von draußen / Kontakte und Schritte /
Strukturelle Gewalt und Recht / Das dritte Attentat / Reise zu den Ursprüngen /
Umzug nach Atlanta / Das Abschiedsgeschenk / Die «Sit-in-Bewegung» und die
Gründung des SNCC / Der Gefangene von Reidsville / Busreisen für den Frieden /
Die Niederlage von Albany

Der Sieg von Birmingham – April bis Mai 1963 72
Bilanz eines Sommers – Die Gewaltlosigkeit demaskiert die Gewalt

Stationen 91
Der Marsch auf Washington – Geburtsstunde eines Traums / Die Ermordung
Kennedys am 22. November 1963 / Der Mann des Jahres / Das amerikanische
Dilemma / Reise nach Deutschland / Entgegennahme des Friedensnobelpreises

Martin Luther King jr. und das FBI 106

Der lange Marsch – 1965: Jahr der Opfer 108
Sommer 1965 bis Sommer 1966 – Chicago / Vietnam / Der Feldzug der Armen

Ahnungen im Schatten des Todes und das Ende in Memphis 124

Ausblick und Vermächtnis 138
Begriff und Methode der Gewaltlosigkeit bei Martin Luther King jr. / Die Stunde
des Charismatikers / «Der Sklave in mir»

Anmerkungen 147
Zeittafel 149
Zeugnisse 151
Bibliographie 153
Namenregister 156
Über den Autor 159
Quellennachweis der Abbildungen 159

Vorwort

Mehrfach versuchten Unbekannte, sein Haus in die Luft zu sprengen; oftmals entging er einem Mordanschlag; immer wieder wurde er verhaftet und ins Gefängnis gebracht. Hundertzwanzigmal mag das geschehen sein. Die Rede ist von Martin Luther King jr., der am 4. April 1968, nur 39 Jahre alt, von einem bezahlten Killer «erledigt» wurde: Ein Mann mit einem Traum, der doch kein Träumer war; ein Mann, mit dem sich Präsidenten, Gelehrte und Gouverneure nur zu gern zeigten und der doch nicht sicher sein konnte, an der nächsten Imbißbude oder im Geschäft an der Ecke bedient zu werden; ein Mann, der mehr als 300 Doktorhüte, Auszeichnungen und Diplome erhielt und der doch unzählige Male als «dreckiger Nigger» angespuckt, getreten und mit Steinen beworfen wurde. Wie war es möglich, daß ein Mensch solche Gefühle erregte, Gefühle von Verehrung und Liebe; Gefühle aber auch voll tiefen Hasses? Diese Frage läßt sich beantworten: Martin Luther King jr. setzte ein Recht außer Kraft, auf das jeder Mensch glaubt, einen Anspruch zu haben; das Recht, sich zu wehren, wenn er angegriffen wird, das Recht, mit gleicher Waffe zurückzuschlagen.

Die Geschichte des Menschen ist die Geschichte der Gewalt; und wiewohl er eine unendliche Sehnsucht nach Liebe, Geborgenheit und Glück in sich trägt, greift der Mensch doch immer zuerst nach ihr, um seine Probleme zu «lösen». Bisher ist es nicht gelungen, ihn vom Wege der Gewalt abzubringen und ihm das Zeichen des Kain von der Stirn zu wischen. Es gibt viele, die der menschlichen Natur das Vermögen dazu gänzlich absprechen. Friedrich Hacker, ein führender amerikanischer Mediziner, scheute sich nicht, den Menschen «die entfesselte Bestie ohne Hemmungen»[1]* zu nennen. Der niederländische Verhaltensforscher Niko Tinbergen, immerhin Nobelpreisträger, bezeichnete den Menschen als «einen aus den Fugen geratenen Mörder»[2]. Man findet bei den meisten Säugetieren viel Gezänk, Streiterei und Drohgebaren, aber nur wenige blutige und tödliche Kämpfe. Der Mensch ist das einzige Säugetier, das ein Mörder und Sadist ist.[3] Den eigenen Artgenossen umbringen, das tut kein Affe. Das ist menschlich.

Gewalt ist ansteckend wie eine Epidemie. Schon immer war der Mensch von ihr fasziniert, und diese Faszination schlug öfter in Nachah-

---
* Die hochgestellten Ziffern verweisen auf die Anmerkungen S. 147f.

mung um als in Schrecken und Abscheu. Jede Zeit, jede Gesellschaft schuf sich ihr Instrumentarium, um zu quälen, zu schänden, zu töten.

Niemand bestreitet, daß der Mensch dazu neigt, Konflikte gewaltsam auszutragen. Am Kind schon kann man das beobachten. Diese Analyse des menschlichen Verhaltens ist sicher richtig. Aber sie ist nicht vollständig. Homo homini lupus (der Mensch ist dem Menschen ein Wolf) – gerade deshalb muß er sich vor sich selbst schützen; und er weiß das. Gerade weil der Mensch gefährlich ist, kann die Konsequenz nur heißen, Sicherungen einzubauen – und er tut das. Der Mensch ist kein Naturwesen, das alles, was sein Überleben sichert, vollendet beherrscht. Vielmehr kommt er hilflos und instinktunsicher zur Welt und ist aufs Erlernen angewiesen. Erziehung erweist sich als ein zentraler und buchstäblich «notwendiger» Vorgang im menschlichen Leben. Mit der Gesetzgebung schuf der Mensch einen weiteren Schutzwall gegen die eigene gefährliche Natur, ein Geflecht lebenserhaltender Vereinbarungen. Erziehung und Gesetzgebung machen den Menschen nicht zu einem friedlichen Wesen. Er ist, wie gesagt, anders. Aber es ist lohnend, ihm die Mittel und Wege zu zeigen, die ihn zu einem friedensfähigen Wesen heranreifen lassen.

Martin Luther King jr. kannte die Natur des Menschen – *Wir haben*

Inschrift auf dem Grabmal in Atlanta

gelernt, wie die Vögel zu fliegen und wie die Fische zu schwimmen. Doch wir haben nicht gelernt, in Frieden miteinander zu leben[4] –, aber er resignierte nicht vor dieser angeblichen Unabänderlichkeit. Er war davon überzeugt: Der Mensch ist seiner Veranlagung nicht hilflos ausgeliefert. Es gab überwältigende Beispiele, die das bewiesen, und für King waren Jesus aus Nazareth und Mahatma Gandhi diejenigen, die einen «anderen» Weg beschritten hatten. Gewaltlos die Konflikte in kleinen Gemeinschaften wie Familie und Schule, und in den großen von Staaten, Ländern, Nationen und Erdteilen zu lösen, erforderte nicht nur ein Umdenken. Es erforderte ein «Umhandeln», das eingeübt werden mußte, und zwar von Kindheit an. Gewaltlosigkeit ist dem Menschen von der Natur nicht mitgegeben. Aber er kann sie erlernen. Sie kann seine zweite Natur werden. King hat das konsequent praktiziert. Sein gewaltsamer Tod sollte für uns die Aufforderung sein, einen begonnenen Weg fortzusetzen.

Das Erbe –
Die Geschichte der Schwarzen in Nordamerika

Die Geschichte Martin Luther Kings jr. begann vor mehr als 360 Jahren; eine Geschichte voller Dunkelheiten und wert, nicht vergessen zu werden.

Viele leisten sich auch heute noch das Vorurteil, das schwarze Afrika könne auf keine kulturellen und zivilisatorischen Leistungen zurückblicken. Es sei ein Randgebiet der Weltgeschichte. Oft ist zu hören, Neger seien von Natur aus faul und dumm, zu eigenständiger Arbeit nicht befähigt, eine Rasse, dem Affen nahe, häßlich, primitiv, sexuell überdreht und gefährlich. Wenn jemals etwas aus den Schwarzen werden solle, dann nur unter Anleitung der weißen Rasse. Für den Neger sei es letztlich besser, sich in allem den Lebensvorstellungen der Weißen anzupassen. Er habe nichts zu verlieren und könne nur so zu einem vollwertigen Menschen heranreifen. Dieses weitverbreitete Vorurteil ist unhaltbar. Wir wissen inzwischen, daß die Wiege der Menschheit möglicherweise in Afrika stand. Dr. B. Leakey fand in der Olduvai-Schlucht in Ostafrika Spuren eines frühen Vorläufers des Menschen, der erstmals Werkzeuge gebrauchte und damit eine Entwicklung einleitete, die in den komplizierten technischen Erfindungen von heute ihre Fortsetzung fand. Afrikaner entdeckten das Feuer. Als erste Menschen kultivierten sie Getreide. Die Grabbeigaben von Bardari in Äthiopien brachten das zutage. Felsmalereien eines Negervolkes, das um 3000 v. Chr. in der Sahara lebte, bewahren einen feinen, genauen Realismus. Sie stellen so etwas dar wie den Anfang einer Porträtkunst. Die Malerei des 20. Jahrhunderts in Frankreich und Deutschland erhielt entscheidende Impulse von der afrikanischen Plastik. Die «Fauves», die «Wilden» und nicht zuletzt Pablo Picasso sowie die deutschen Expressionisten Karl Schmidt-Rottluff, Erich Heckel, Emil Nolde, Ernst Ludwig Kirchner und Max Pechstein verdanken ihr eine neue Sehweise.

Die Tragödie der schwarzen Menschen Afrikas begann im 15. Jahrhundert. Die «Ware» Neger entdeckten die Araber. Sie «belieferten» seit ca. 1450 europäische Höfe. Nach der Entdeckung Amerikas übernahmen spanische Kaufleute den «Überseehandel» und sandten Schiff um Schiff mit Negersklaven in ihre südamerikanischen Kolonien. In den Bergwerken und Zuckerrohrplantagen herrschte ein hoher Bedarf an billigen Arbeitskräften. 1592 verpflichtete sich der Sklavenhändler Gomez Reynal, in neun Jahren 38250 Neger «bereitzustellen». Der Tod jedes fünften

Zeitgenössische Darstellung der unmenschlichen Sklaventransporte im 17. Jahrhundert

wurde dabei in Kauf genommen und war Teil der «Kalkulation». Das spanische Königshaus verdiente an der Konzession für Gomez Reynal eine Million Dukaten. Bis 1600 stieg der Strom der Verschleppten auf 900 000 an. Bis 1700 brachten Händler ca. 2,7 Millionen Neger außer Landes; bis 1800 waren nahezu 7 Millionen schwarze Menschen deportiert. Die tragische Geschichte der nordamerikanischen Schwarzen, in der King ein besonderes Kapital aufschlagen sollte, begann mit der Ankunft eines holländischen Schiffes 1619 im Hafen von Jamestown, Virginia. Ein verheerender Sturm zwang die zwielichtige Mannschaft aus Piraten und Strolchen, dort Schutz zu suchen. Sie hatten zuvor einen spanischen Sklaventransporter gekapert und gute Beute gemacht. Nun boten sie die Menschenfracht an: Zwanzig afrikanische Neger. Antonio, einer von ihnen, blieb mit Isabella zusammen. Der Farmer William Tucker kaufte sie beide. Als 1624 ein Sohn zur Welt kam, dem sie den Namen ihres Besitzers gaben, war dieses Kind der erste in Nordamerika geborene Neger. Millionen sollten ihm folgen.

Was vorher die katholischen Christen um des Reichtums willen in Mittel- und Südamerika praktizierten, übernahmen nun die überwiegend protestantischen Christen Nordamerikas. Nach ihrer Überzeugung zeigte sich die Gnade Gottes im wirtschaftlichen Erfolg auf Erden. Mit diesem Glaubensbekenntnis überwand man alle Skrupel und empfand die Sklaverei als gottgewollte Einrichtung. 1669 präzisierte der «Sklavenkodex von Virginia»: «Wenn ein Sklave nicht auf seinen Herrn hört oder Befehle anderer, die Aufsicht über ihn führen, nicht befolgt, und die Zwangsgewalt dieser Person seinen Tod herbeiführt, so soll dieser Tod nicht als Verbrechen bestraft werden.» Der Sklave nahm im weißen Wirtschaftsgefüge einen festen Platz ein. Er arbeitete zumeist in der Landwirtschaft auf den ausgedehnten Reis-, Tabak- und Zuckerrohrplantagen. Arbeitszeit: 15 Stunden. In den Augen der Herrschenden besaß er keine individuellen Züge. Er galt nicht als Mensch, sondern als Ding, als Werkzeug, dazu bestimmt, den Besitz der Besitzenden wie eine Maschine zu mehren.

Die Überfahrt von Afrika nach Amerika spielte im Leben der Verschleppten eine besondere Rolle: Hier ging ihnen in letzter Konsequenz auf, was sie für den Rest ihres Lebens zu erwarten hatten – falls sie den Transport überstanden. Gustavus Vasa, ein Schwarzer aus Benin in Westafrika, wurde mit elf Jahren auf einem Sklavenschiff nach Virginia gebracht. Davon berichtete er 1793, in einem in London erschienenen Buch: «... das erste, was ich sah, als wir die Küste erreichten, war das Meer und ein Sklavenschiff, das dort vor Anker lag und auf seine Ladung wartete ... Nachdem ich an Bord geschafft worden war, wurde ich sofort von einem Mann der Besatzung abgetastet und auf meine Stärke und Gesundheit untersucht ... bald wurde ich unter Deck gebracht und dort empfing mich ein Gestank, wie ich ihm sonst nicht mehr in meinem Leben begegnet bin. Davon wurde mir so übel ... daß es mir unmöglich wurde, etwas zu essen ... doch ... boten mir zwei weiße Männer etwas zu essen an, und als ich mich weigerte, hielt mich der eine an den Händen fest, legte mich quer über eine Winde, fesselte meine Füße, während der andere auf mich einprügelte ... Nie zuvor habe ich Menschen von solcher Brutalität gesehen. Sie waren nicht nur grausam im Umgang mit den Negern, sondern auch untereinander. Ich denke da besonders an eine Szene, die ich mitansah, als man mir gestattete, mich an Deck aufzuhalten. Ein Weißer wurde so unerbittlich mit einem großen Tau verprügelt, daß er an den Folgen der Mißhandlung starb, und die anderen warfen ihn zur Seite wie den Kadaver eines Tieres. Da fürchtete ich diese Leute noch mehr, denn ich konnte mir ausrechnen, daß sie mit mir nicht anders verfahren würden. Der Gestank in den Lagerräumen, in denen man uns hielt, war ... unerträglich. Aber jetzt, da das Schiff voll beladen war, spottete der Gestank einfach jeder Beschreibung. Die Enge und die Hitze – der Raum war vollgestopft, daß man keine Bewegung machen konnte – ließen uns fast ersticken. Ich hoffte nichts sehnlicher als zu sterben, denn dann würden meine Qualen ein Ende nehmen.»[5]

Unter den Kapitänen gab es «loose packers» und «tight packers». Die «Losepacker» gaben ihrer «Ware» etwas mehr Platz, damit ihr Gesundheitszustand erhalten und die Sterberate niedrig blieb. Die «Engpacker» handelten nach dem Geschäftsprinzip, die durch Tod und Krankheit entstandenen Verluste von vornherein durch eine möglichst hohe «Stückzahl» aufzufangen. Pfarrer John Newton berichtete, was er selbst als Augenzeuge beobachtete: «Die Sklaven liegen in zwei Schichten übereinander ... so dicht beieinander wie Bücher in einem Regal. Ich habe es erlebt, daß sie so eng zusammengepfercht waren, daß man wirklich keinen mehr hätte hineinpressen können. Die armen Kreaturen sind zudem noch mit Ketten gefesselt ... Jeden Morgen fand ich in mehr als nur einem Fall, daß da ein Toter an einen Lebendigen gefesselt lag.»[6]

Zwar schrieb im 18. Jahrhundert der puritanische Geistliche Cotton Mather, die weißen Bürger von Boston sollten ihre Sklaven «gemäß den Regeln der Menschlichkeit» als «Wesen mit einer unsterblichen Seele» und nicht als «bloße Tiere»[7] behandeln. Die praktischen Folgen solcher Ermahnungen bewirkten jedoch wenig. Auch der Protest der Quäkergemeinde von Germantown, Pennsylvania, 1668, blieb ein Einzelfall: «Wir protestieren dagegen, daß man Menschen in dieses Land verschleppt, daß man sie raubt und verkauft, gegen ihren Willen.»[8]

Eine Wende hätte kommen können, als sich die britischen Kolonien in Nordamerika von der Krone lossagten. Bei den Ereignissen in der «Kingstreet» am 5. März 1770, die den Aufstand einläuteten, führte der Mulatte Crispus Attucks, in dessen Adern Neger- und Indianerblut floß, die Menge an. Er wurde von einem britischen Soldaten erschossen und ging als erstes Opfer des «Boston massacre» und Märtyrer der amerikanischen Revolution in die Geschichte ein. Obwohl viele Schwarze in den folgenden Jahren des Kampfes gegen die britische Oberherrschaft ihr Leben gaben, blieb die amerikanische Unabhängigkeitserklärung vom 4. Juli 1776 kaum mehr als eine Absichtserklärung: «Wir halten diese Wahrheiten für selbsteinsichtig, daß alle Menschen gleichgeschaffen und von ihrem Schöpfer mit gewissen unveräußerlichen Rechten ausgestattet worden sind, darunter das Recht auf Leben, Freiheit und das Verlangen nach Glück. Um diese Rechte zu sichern, sind Regierungen unter den Menschen eingesetzt, deren Macht aus der Zustimmung der Regierten herrührt.» Es kann als gesichert gelten, daß Thomas Jefferson, der diese Sätze niederschrieb, die Schwarzen aus ihrer verzweifelten und hoffnungsarmen Lage befreien wollte. In der Debatte, die am 3. Juli der Annahme der Unabhängigkeitserklärung vorangierig, fiel das Wort: «Es ist unehrenhaft, Sklaven zu halten», das King später aufnahm und ergänzte: *Es ist nicht unehrenhaft, ein Sklave zu sein; aber es ist sehr unehrenhaft, ein Sklavenhalter zu sein.*[9] Das beeindruckte die Vertreter des Südens, vor allem aus South Carolina und Georgia jedoch nicht. Die Klausel, die die Versklavung von Einwohnern Afrikas verurteilte, wurde auf ihr Betreiben aus dem Text herausgenommen. Als die 40 Delegierten ihre Unterschriften unter das Papier setzten, notierte Jefferson: «Ich fürchte um mein Land, wenn ich mir ins Gedächtnis rufe, daß Gott gerecht ist und daß sein Urteilsspruch einmal kommen muß.» Und dann fügte er hinzu: «Wir müssen geduldig warten auf den Eingriff einer über alles hinweg die Dinge regelnden Vorsehung und können nur hoffen, daß die Rettung unserer leidenden Brüder durch sie vorbereitet wird. Wenn das Maß der Tränen voll ist, wenn ihr Stöhnen selbst den Himmel in Dunkelheit hüllt, wird sich zweifellos der gerechte Gott ihrer erbarmen.»

Die Folgen des unguten Kompromisses traten zutage, als wenige Jahre später (1792) von Eli Whitney eine Baumwollentkörnungsmaschine erfunden wurde. Sie stellte die Wirtschaft des Südens auf eine neue Basis und führte zu einer riesigen Nachfrage an Arbeitskräften. Dadurch verschärfte sich das Sklaven- und Rassenproblem. Ein Negersklave kostete nun nicht mehr 200, sondern 2000 Dollar. Die Baumwollproduktion brachte einen ungeheueren Reichtum ins Land. Es entstanden die großen Plantagen, auf denen im feudalen Herrenhaus die Besitzer wie Patriarchen nicht selten über Leben und Tod von mehreren tausend Sklaven regierten. Alle Macht, alles Recht und die polizeiliche Gewalt lagen in ihren Händen. Jederzeit konnten die weißen Herren die Familien der Schwarzen auseinanderreißen; Eltern verloren dann ihre Kinder, Frauen ihre Männer. Es gab Widerstand. Gewaltsam begonnen, wurde er mit Gewalt erstickt. Das Ergebnis war immer dasselbe: Die Lage der Schwarzen verschlechterte sich. Um 1800 lehnte sich in Virginia der Sklave Gabriel auf und griff zu den Waffen; in Charleston brachte der freigelassene Sklave Denmark Vesey 1822 viele Aufständische hinter sich, ebenso 1831 Nat Turner. Sie konnten Anfangserfolge verbuchen, wurden dann aber von «Haussklaven» verraten und endeten furchtbar. «The white backlash», das weiße Zurückpeitschen, die Geißel der Vergeltung traf die Rebellen. Und doch begann mit diesen Namen die Befreiungsgeschichte der Schwarzen. Daß in aussichtsloser Lage jemand allein dem folgte, was sein Innerstes ihm auferlegte, daß jemand bereit war, ein Zeichen zu setzen, nicht mehr, aber auch nicht weniger, das machte diese Revolten für die kommenden Zeiten so wichtig. Zwar bezeichnete Gouverneur Hammond aus South Carolina noch 1835 die Sklaverei als «den Grundpfeiler unseres republikanischen Gebäudes»; zwar entschied 1857 der Oberste Gerichtshof, Schwarze seien nicht unter die in der Verfassung genannten «Bürger der USA» zu rechnen und besäßen «keine Rechte, die ein Weißer respektieren muß». Aber es gab auch andere Stimmen. Unter denen, die die Sklaverei abschaffen wollten, den «Abolitisten», trat besonders der weiße Publizist William Loyd Garrison hervor. 1831 schrieb er im Bostoner «Liberator»: «Ich werde hart sein wie die Wahrheit. Ich habe nicht vor, über die Sklaverei mit Mäßigung zu denken, zu sprechen und zu schreiben. Nein! Nein! Sag einem Mann, dessen Haus in Flammen steht, er solle gemäßigt Alarm schlagen, gemäßigt seine Frau retten, sag einer Mutter, sie solle, wenn ihr Kind in die Flammen gestürzt ist, mit Mäßigung vorgehen ...» Garrison war vielleicht der erste, der die Probleme der Schwarzen nicht durch die eingefärbte Brille der Weißen, sondern mit

Thomas Jefferson. Porträt von Charles Willson Peale

den Augen der Schwarzen selbst sah. «Euere Leiden sind meine Leiden.»[10] Er verbrannte nach einem Vortrag von Henry D. Thoreau am 4. Juli 1854 öffentlich die amerikanische Verfassung, weil sie den Schwarzen nicht als Menschen, sondern als Wirtschaftsfaktor und Besitzgegenstand behandelte. Thoreaus zugespitzte Formulierungen über «Sklaverei in Massachusetts» gipfelten in dem Satz: «Meine Worte sind Mord am Staat.» Sie erregten Garrison ungeheuer und nachhaltig.

1857 lernte Thoreau John Brown kennen, der mit einer kleinen Gruppe Gleichgesinnter einen regelrechten Krieg gegen die Sklaverei führte. Brown überfiel 1859 ein staatliches Waffendepot, wurde gefangen und am 2. Dezember gehängt. Im Prozeß rechtfertigte er seine Tat: «Hätte ich die Waffen ergriffen zu Gunsten der Reichen, Mächtigen, der Gebildeten ... so hätte dieses Gericht meine Tat wohl einer Belohnung für wert befunden ... Die Bibel ... lehrte mich, die Menschen zu befreien ... ich kämpfte für die Armen, und ich sage, es war recht so, denn sie sind so viel

Henry David Thoreau

wert wie alle andern auch.»[11] Henry D. Thoreau ergriff in dem Aufsatz: «Die letzten Tage des John Brown» unzweideutig und nachhaltig Partei für den Märtyrer der gerechten Sache. «John Browns Laufbahn während der letzten sechs Wochen seines Lebens war wie die eines Meteors – eine helle Lichtspur in der Dunkelheit, in der wir leben. Ich kenne in unserer Geschichte nichts, was so wunderbar war.»[12]

Wenige Jahre zuvor, nämlich 1852, war der Roman «Onkel Toms Hütte» von Harriet Beecher Stowe erschienen, ein Buch mit außergewöhnlicher Wirkung, welches das Elend der Sklaverei nachdrücklich vor Augen stellte. Von den einen als Befreiungslektüre gelesen, bot es den anderen Handhabe zu rüdesten Formen legaler Unterdrückung. In Maryland verurteilte ein Gericht den freien Schwarzen Samuel Green zu zehn Jahren Gefängnis, weil er beim Lesen des Buches ertappt worden war.

1860 übernahm Abraham Lincoln das Präsidentenamt. Seine besonnene Haltung in der Sklavenfrage ließ den Süden um die alten Privilegien fürchten. Die Sätze des Rechtsanwalts aus Bloomington in Illinois klangen ihm schrill in den Ohren: «Die Sklaverei stammt vom Egoismus in der Natur des Menschen, der Kampf gegen die Sklaverei stammt von seiner Liebe für die Gerechtigkeit.»[13]

1854 trat South Carolina aus der Union aus. Es folgten vor der Vereidigung Lincolns Florida, Georgia, Alabama, Mississippi, Louisiana und Texas. Am 12. April 1861 begann der Krieg zwischen den Nord- und den Südstaaten. Virginia, Arkansas, North Carolina und Tennessee traten der Konföderation der Südstaaten bei. Viele Schwarze kämpften in der Armee der Union der Nordstaaten. Der Lohn sollte nicht ausbleiben. Am 1. Januar 1863 verfügte ein Gesetz die Freiheit aller Schwarzen. Der Süden aber mißachtete dieses 14. Amendment, das Sklaven zu Bürgern ernannte, und ebenso das 15. Amendment, das ihnen das Wahlrecht zusicherte. Karl Schurz bereiste im Auftrag der Washingtoner Regierung den Süden und stellte fest: «Einen Neger zu töten, betrachten sie nicht als Mord; eine Negerin zu vergewaltigen, sehen sie nicht als Unzucht an; einem Neger sein Eigentum fortzunehmen, ist in ihren Augen nicht Raub.»[14] Ein Pacht- und Abgabensystem («sharecropping») überzog das Land. Es band die Schwarzen weiterhin fest an die Wirtschaftsformen der weißen Oberschicht. Der «white backlash» schuf sich zudem am 24. Dezember 1865 mit der Geheimorganisation «Ku-Klux-Klan» ein wirksames Mittel der Unterdrückung. Zum Führer wählte man 1867 Nathan Bedford Forrest, der dadurch besonders geeignet erschien, daß er kurz zuvor in Fort Pillow «Nigger» umgebracht hatte. Das Ziel der Geheimorganisation bestand darin, durch Drohung und Mord, Vergewaltigung und Ver-

Abraham Lincoln

Lynchjustiz. Foto aus den frühen zwanziger Jahren

leumdung, Verstümmelung und wirtschaftlichen Druck Angst und Schrecken unter die schwarze Bevölkerung zu säen, um sie still und gefügig zu halten. «Jim Crow», der dumme, tierische Nigger, der schwarze Untermensch, dazu geboren, der weißen Herrenrasse zu dienen oder zu sterben, war ihr Leitbild. Eine Bibelgesellschaft in St. Louis brachte ein Buch heraus mit dem Titel: «Der Neger, ein Tier». Die «Jim Crow»-Ideologie blieb bis heute fester Bestandteil des Denkens weiter Kreise in Amerika. Das bedeutete und bedeutet: Schwarze leben abseits des Rechts, abseits der gesellschaftlichen Anerkennung, abseits der menschlichen Achtung.

Wenige durchbrachen die «Jim Crow»-Ideologie. Zu ihnen zählte W. E. Burghard DuBois, Sohn eines schwarzen Dienstmädchens und eines hellhäutigen Mulatten aus Westindien. DuBois studierte in Europa, darunter zeitweilig Geschichte bei dem berühmten Gelehrten Heinrich von Treitschke in Berlin. Er schrieb als einer der ersten Schwarzen an der Harvard University eine Doktorarbeit. Thema: Die Abschaffung des Sklavenhandels. In Atlanta, Georgia, bekleidete er das Amt eines Universitätsprofessors. 1909, am 2. Dezember, dem 100. Geburtstag von Ab-

Mitglieder des Ku-Klux-Klan

*Earl Warren,
Oberster Richter
am Bundesgerichtshof
in Washington*

raham Lincoln, gründete er mit Gleichdenkenden die «Nationale Vereinigung für den Fortschritt der Farbigen» NAACP. Mit diesem organisatorischen Instrument bekam der Kampf gegen die ungehemmte Unterdrückung der Schwarzen eine weitverzweigte Grundlage. Das Ziel hieß: Beseitigung der Rassenvorurteile, Rechtsgleichheit, Stimmrecht bei Wahlen, Bildungs- und Ausbildungschancen. Die NAACP half, wenn Schwarze vor Gericht gestellt wurden und gab das Geld für einen Anwalt. Die NAACP ermittelte durch einen eigenen Detektiv, als in Coatesville, Pennsylvania, ein Schwarzer von weißen Rassefanatikern bei lebendigem Leibe verbrannt wurde. Das war kein Einzelfall. 1912 lynchten Weiße 63 Schwarze, 1913 schlugen sie außerhalb des Gesetzes in 79 Fällen zu. Eine Strafverfolgung fand nicht statt! Marcus Garvey hielt die weißen Amerikaner für so unverbesserliche Rassisten, daß er 1914 den Vorschlag machte, alle Schwarzen sollten nach Afrika zurückkehren. Viele Jahre später nahmen die «Black Moslems» und die «Black Power»-Bewegung diese Anregung auf.

Ab 1915 verstärkte der Ku-Klux-Klan seinen Terror. Das «unsichtbare Empire», zu dem in führenden Positionen Ärzte und Rechtsanwälte zählten, breitete sich über den ganzen Süden aus und hatte zeitweilig mehrere Millionen Mitglieder. Joseph Simmons, geboren 1882, trieb sie zu immer neuen und furchtbaren Taten gegen Schwarze, Juden, Katholiken und Einwanderer. Bei Rassenunruhen zwischen dem 1. und 3. Juni 1917 fanden in East St. Louis, Illinois, 200 Schwarze den Tod. 1918 erschütterten Gewaltakte an Schwarzen die Städte Chester und Philadelphia. Im «Roten Sommer» 1919 kam es zu 26 Rassenunruhen. 1923 verließen infolge des Ku-Klux-Klan-Terrors 500 000 Schwarze den Süden der USA. Dann brachten Weltwirtschaftskrise und der Zweite Weltkrieg eine längere Pause. In dieser Zeit gründeten am 5. Dezember 1935 schwarze Frauen einen «Nationalen Rat» in New York. Im August 1936 gewann der schwarze Leichtathlet Jesse Owens bei den Olympischen Sommerspielen in Berlin vier Goldmedaillen für die USA. 1941 gab die «National Urban League» (eine 1911 von Schwarzen gegen die Arbeitslosigkeit unter den aus dem Süden geflohenen ehemaligen Sklaven gegründete Vereinigung) in einer einstündigen Radiosendung bekannt, die Schwarzen Amerikas werden sich an den Lasten und Leiden des Zweiten Weltkriegs beteiligen.

Militäreinsatz in Little Rock. Arkansas, 1957

Polizeikräfte eskortieren die Busse, mit denen farbige Schüler zum Unterricht gefahren werden

Im gleichen Jahr wies Philip Randolph Präsident Roosevelt nachdrücklich darauf hin, daß 100 000 Schwarze einen «Marsch auf Washington» unternehmen würden, wenn die Rassentrennung nicht endlich aufgehoben werde. Im Juni 1942 entstand unter Mitwirkung von Schwarzen und Weißen der «Kongreß für rassische Gleichheit» (CORE). Am 28. Februar 1943 erlebte der Broadway die Uraufführung der Negeroper «Porgy and

Bess» mit der Musik von George Gershwin, und am 21. Juni desselben Jahres starben 34 Schwarze bei Rassenunruhen in Detroit, Michigan. Grotesk wie diese Morde nahm sich auch der Protest aus, den 1000 weiße Studenten in Gary, Indiana, gegen die Rassenintegration in Schulen vorbrachten. Seit dem 9. April 1947 führte CORE Friedensfahrten im Süden durch. Der Schwarze Ralph Bunche erhielt am 22. September 1950 für seine Verdienste als Vermittler in Palästina den Friedensnobelpreis. 1951 reagierte die NAACP mit massiven Protesten gegen die weiterhin in den Schulen des Südens praktizierte Rassentrennung, und am 12. Juni 1952 konnte erstmals ein Schwarzer an der Universität von Tennessee das Studium aufnehmen. Earl Warren, Oberster Richter am Bundesgerichtshof in Washington und später bekannt geworden durch den «Warren-Report» zur Ermordung des amerikanischen Präsidenten J. F. Kennedy, erläuterte am 17. Mai 1954 eine einstimmige Entscheidung des Richterkollegiums. An diesem Montag hatte das Gericht eine epochale Entscheidung gefällt: «Wir können nicht zurück ... in das Jahr 1896 ... wir stellen fest, daß im Felde der öffentlichen Erziehung die Doktrin ‹getrennt, aber

Martin Luther King jr.

gleich› keinen Platz hat. Kinder, gleich welcher Hautfarbe, sollen gemeinsame Bildungseinrichtungen besuchen.» Schon wenige Tage später, im Juni 1954, bildete sich in Indiana, Mississippi, ein «Rat weißer Bürger». Es folgten zahlreiche solcher Bürgerräte im ganzen Land. Ein weißer Journalist bezeichnete sie richtiger als «Weißer-Kragen-Ku-Klux-Klan». Bankiers, Kaufleute und viele Weiße aus dem Mittelstand verschworen sich gegen die Rassenintegration in den Schulen. Der intellektuelle Kopf der Bewegung hieß Tom Brady, ein Richter aus Mississippi. Er bezeichnete die Entscheidung des Obersten Gerichtshofs in seinem Buch «Black Monday» (Schwarzer Montag) als den Anfang einer «alles hinwegfegenden Tragödie». «Die Entscheidung, die Sie am Schwarzen Montag fällten, hat den ökonomischen, den politischen und ja, den sozialen Status der Neger im Süden um mindestens hundert Jahre zurückgeworfen. Wenn ein Gesetz die Moral und die ethischen Grundsätze und Normen überschreitet, dann folgen unausweichlich Unruhen, Blutvergießen und Aufstand ... Das schönste und reinste Geschöpf von Gottes Hand, das Wesen, das den Engeln am nächsten steht ... ist eine ... weiße Frau des Südens oder ihr blauäugiges, goldhaariges, kleines Mädchen ... Wir antworten dem Obersten Gericht und der nördlichen Welt: Ihr könnt uns nicht zwingen, aus diesem Kelch zu trinken ... Unsere Vorfahren sind für ihre geheiligten Prinzipien gestorben. Wir werden, wenn es nötig sein soll, ebenfalls dafür sterben.»

1957 versuchte eine fanatisierte Menge in Little Rock, Arkansas, die fünfzehnjährige schwarze Schülerin Elizabeth Eckford zu lynchen, als sie bei Schuljahrsbeginn die «Zentrale Hochschule» betreten wollte. «Holt doch einen Strick und knüpft sie dort an dem Baum auf. Fangt sie, lyncht sie. Mach, daß du fortkommst, du Bastard einer schwarzen Hure.» Die Ereignisse waren für das demokratische Amerika vor der Weltöffentlichkeit derart peinlich, daß Bundestruppen dem Gesetz Geltung verschafften. Im September 1957 befahl Präsident Eisenhower, 1000 Soldaten sollten neun schwarzen Schülern Zugang zu ihrer Schule verschaffen.

Aber nicht dieses Ereignis rührte an das Gewissen der Nation, sondern ein anderes, das sich am 1. Dezember 1955 in Montgomery, Alabama, zutrug. Es war der besondere geschichtliche Augenblick, der «Kairos», der einen Mann entließ, welcher wie keiner sonst in seiner Generation deutlich machte, was es heißt: «Wir halten die Wahrheiten für selbsteinsichtig, daß alle Menschen gleichgeschaffen und von ihrem Schöpfer mit gewissen, unveräußerlichen Rechten ausgestattet sind, darunter das Recht auf Leben, Freiheit und das Verlangen nach Glück.» 360 Jahre einer leidensreichen Geschichte schienen sich in ihm zu verkörpern, um aufzustehen und einen uneingelösten Scheck vorzulegen: Dr. Martin Luther King jr.

Die Geschichte der Familie King

Als Martin Luther King sen. 1980 seine Autobiographie, die zugleich die Geschichte seiner Familie ist, herausgab, umfaßte sein Leben eine Zeitspanne von mehr als 80 Jahren. Geboren am 19. Dezember 1899 nahe Atlanta, Georgia, hatte er in seiner Kindheit erlebt, was es hieß, von den Weißen als «Nigger», als «boy», als «Ding» an jeder Ecke und bei jeder Gelegenheit herabgesetzt zu werden. Er war gerade sechs Jahre alt, als im September 1906 Atlanta Schauplatz blutiger Auseinandersetzungen wurde, bei denen Weiße, unterstützt von der Polizei, schwarze Mitbürger niederschlugen und töteten. Zehn Neger und zwei Weiße starben. Kein Gericht verhängte damals Strafen. Zwar gründete man eine Organisation, in der Vertreter beider Rassen zusammenarbeiten sollten. Aber die «Atlanta Civic League» (Bürgerliga von Atlanta) konnte nicht verhindern, daß weiterhin die Verschwörer des Ku-Klux-Klan nachts durch die Straßen zogen, Holzkreuze errichteten, in Brand steckten und unter der schwarzen Bevölkerung Angst und Schrecken verbreiteten. Damals leitete Adam Daniel Williams als Pfarrer die Ebenezer Baptist Church.

Die Kirche war das einzige, was die Schwarzen als ihr Eigentum besaßen. In ihr erlebten sie Freiheit, Selbstachtung und gegründete Identität – aber nur in ihr. Außerhalb ihrer Mauern wehte der rauhe Wind des Rassismus. Die Kirche bildete den Zufluchtsort, der die Schwarzen aufrechthielt. Pfarrer wuchsen in einer solchen Situation weit über die Bedeutung hinaus, die ihnen anderswo zukommt. Mit ihnen stand und fiel das Schicksal von Tausenden. Sie waren Wegweiser, Ankerplatz, Stütze, Mahnung und Quelle des Mutes. Pfarrer Williams hatte am Morehouse College (gegründet Februar 1867) studiert. Als er 1931 starb, übernahm sein Schwiegersohn Martin Luther King sen. die Ebenezer Baptist Church, die Baptistenkirche Ebenezer in Atlanta. King sen. war das zweite von zehn Kindern, die dem armen, lohnabhängigen «sharecropper»-Ehepaar (sharecropper sind schwarze Landwirte, die alles von einem weißen Großgrundbesitzer kaufen müssen und so ein Leben lang gezwungen sind, Kredite zurückzuzahlen) James Albert und Delia King auf einer Plantage nahe Stockbridge geboren wurden. Im Alter von zwölf Jahren begleitete King sen. seinen Vater beim Baumwollverkauf. Als er merkte, daß sein Vater hintergangen werden sollte, protestierte er laut. Mehrere Umstehende, auch Weiße, hörten das. Der Vater erhielt den vollen Betrag. Aber am nächsten Morgen wurde er mitsamt seiner Fami-

Brennendes Holzkreuz des Ku-Klux-Klan

lie vom Pachtland vertrieben. Nichts blieb ihnen außer einem Wagen und ein bißchen Hausrat. Es gelang auch nicht, anderes Land zu pachten, weil alle Verpächter der Umgebung von dem Vorfall unterrichtet waren. James Albert King ertrug die Abhängigkeit, die dauernde Ungerechtigkeit und die schwere Arbeit nur, wenn er an seine Frau und ihre aufrichtige Liebe dachte. Aber oft schlugen die Wellen doch über seinem Kopf zusammen. Dann betrank er sich und mißhandelte Delia. Martin mußte das als fünfzehnjähriger kräftiger Junge miterleben. Er stellte sich vor seine Mutter, stieß den Vater zurück und schrie: «Du läßt meine Mutter in Ruhe!» Es kam zu einer furchtbaren Szene. Der Sohn würgte den Vater, bis Delia und die Geschwister ihn zurückrissen. Martin rannte zur Tür hinaus. Der Vater griff in rasender Wut nach einem Gewehr. Martin floh und blieb die Nacht über im Freien. Als der Vater am nächsten Tag nüchtern und beschämt seinen Sohn wiedersah, sagte er: «Ich weiß, was du für deine Mutter empfindest. Du willst, daß niemand ihr Böses tut. Gut, ich

Die Eltern Martin Luther Kings und die Großmutter mütterlicherseits, Jenny Williams, mit den Kindern Alfred Daniel, Christine und Martin

will es nie wieder tun.»[15] Zeitlebens hat er sich an dieses Versprechen gehalten.

King sen. verachtete seinen Vater nicht. Er verstand ihn. Er verachtete aber eine Gesellschaft, die so eingerichtet war, daß ein guter Mensch in ausweglose Verzweiflung getrieben wurde. Mit sechzehn Jahren verließ King sen. sein Elternhaus und arbeitete als Hilfskraft bei einem Automechaniker in Atlanta. Dann übernahm er die besser bezahlte Stelle eines Heizers bei der Eisenbahn, bis seine Mutter einschritt, weil sie Angst um ihn hatte: Er war zu jung für die gefährliche Arbeit. King sen. versuchte weiterhin, auf alle nur denkbare Weise Geld zu verdienen. Er brauchte es, um an einer Abendschule das nachzuholen, was er während seiner wenigen Schuljahre in Stockbridge versäumt hatte. In ihm wuchs der Wunsch, Prediger zu werden. Noch während der Schulzeit hielt er regelmäßig in zwei Baptistengemeinden den Sonntagsgottesdienst. 1924 starb seine Mutter. King sen. hatte inzwischen den Abschluß einer höheren Schule erreicht und konnte am Morehouse College in Atlanta Vorlesungen und Seminare belegen. Dort lernte er Alberta Williams kennen, die am Pädagogischen Institut in Virginia studierte, um Lehrerin zu werden. Als sie am 25. November 1926 heirateten, blieben sie in Atlanta und wohnten im Pfarrhaus der Baptistengemeinde Ebenezer. Deren Pfarrer Adam Daniel Williams war Albertas Vater. Im September 1927 kam dort die Tochter Christine zur Welt, 1929 nach einer sehr schweren Geburt der Sohn Martin Luther King jr. Der Arzt glaubte schon an eine Totgeburt. Es machte Mühe, das Kind in dieses Leben herüberzuholen. Am 30. Juni 1930 wurde dann als drittes Kind Alfred Daniel geboren. King sen. schloß als dreifacher Vater und erwachsener Mann sein Studium mit dem akademischen Grad eines Baccalaureus der Theologie ab und übernahm die Leitung der Traveller's Rest Baptist Church in Atlanta. Als sein Schwiegervater A. D. Williams 1931 nach einem Herzanfall verstarb, wurde King sen. zu seinem Nachfolger berufen. Er versprach der Gemeinde, sein Amt dafür zu benutzen, den Schwarzen eine bessere wirtschaftliche und soziale Lage zu erkämpfen. Das machte ihn zum chronischen Beschwerdeführer, der rastlos mit Behörden, Instanzen und Gerichten stritt, wo immer es der Anstand, die Ehrlichkeit und die Gerechtigkeit erforderten. Was ihn dabei auszeichnete, waren seine Zähigkeit und seine Furchtlosigkeit. 1934 reiste er mit zehn anderen Pfarrern nach Europa, um auf die Rassentrennung in den USA hinzuweisen. Im gleichen Jahr führte er in seiner Gemeinde Veranstaltungen durch, die das Ziel verfolgten, den Anteil der Schwarzen bei Wahlen zu erhöhen. Dabei scheute er sich nicht, den Widerstand der Weißen dadurch zu überwinden, daß er einen Marsch auf das Rathaus von Atlanta durchführte.

Ein Dorn im Auge war ihm vor allem, daß schwarze Lehrer bei gleicher Arbeit schlechter bezahlt wurden als ihre weißen Kollegen. 1936 fanden Proteste statt, an denen King sen. sich maßgeblich beteiligte. Erst 1947 entschied ein Gericht, daß schwarze und weiße Lehrer ein gleich hohes Gehalt zu bekommen hätten.

Im Mittelpunkt des Lebens von King sen. stand die Aussöhnung zwi-

Juli 1969: der Vater Martin Luther King sen. mit seiner Tochter Christine an dem Tag, als sein Sohn Alfred Daniel in seinem Schwimmbecken ertrank

schen den Rassen trotz des Unrechts, das geschehen war. King sen. hielt sich an die biblische Aussage: Liebet eure Feinde; segnet, die euch fluchen; tut wohl denen, die euch hassen; bittet für die, so euch beleidigen und verfolgen (Matthäus 5,44). Die Haltung vieler weißer Rassisten erschien ihm überholt. «Wer die Menschen nach der Hautfarbe trennte, lebte von geborgter Zeit.»[16] Den Rassisten gab er keine Chance für ihre Ideologie. «Die Zeit wurde knapp. Die Vorwände gingen zur Neige. Die Leute verlangten nach Antworten, die sinnvoll waren in einem Land, das sich im größten technologischen Aufschwung seiner Geschichte befand, wo Krankheiten besiegt wurden, wo die Technik das Reisen, die Arbeit und das gesellschaftliche Leben ungeheuer erleichterte. Am Telefon konnten wir mit einem Tausende von Kilometern entfernten Menschen sprechen, aber im städtischen Omnibus nicht einmal mit dem Mann auf dem nächsten Sitz.»[17] King sen. hat später seinen Sohn unterstützt und geäußert: «Nichts, was der Mensch tut, erniedrigt ihn so sehr, wie wenn er derart tief sinkt, daß er einen anderen haßt.»[18]

Fast dreizehn Jahre trug die Familie King gemeinsam die Angst und die Sorge um das Leben ihrer Mitglieder. Seit King jr. Führer der Bürgerrechtsbewegung und später der Friedensbewegung war, gab es kaum eine ruhige, unbedrohte Stunde mehr. Das schweißte sie zusammen. Aber obwohl sie täglich im Schatten des Todes lebten, traf es sie überhart, als King jr. am 4. April 1968 ermordet wurde. «Eine Meldung besagte, die Kugel habe ihn in die Schulter getroffen, und ich hörte mich flehen: O Herr, laß ihn leben, laß ihn am Leben bleiben. Doch nur wenige Augenblicke später gab der Nachrichtensprecher die endgültige Mitteilung durch: Martin Luther King jun. war erschossen worden ... Mein Sohn, bei dessen Geburt ich vor Jubel an die Decke gesprungen war, das Kind, der Schüler und Student, der Prediger, der singende, lachende Junge, der Sohn – für immer von uns genommen.»[19]

Doch das war nur der Anfang. Nachdem Alfred Daniel im September 1968 als Pfarrer der Ebenezer Baptist Church eingeführt worden war, und damit ein drittes Mitglied der Familie King das Amt führte, ertrank er am 21. Juli 1969 in seinem Schwimmbecken. King sen. bezweifelt bis heute, daß es ein Unfall gewesen ist. Bei der Beerdigung sagte er: «Ich habe viel verloren, aber ich danke Gott für das, was er mir gelassen hat.»[20] Doch es war noch nicht das letzte Opfer, das er bringen mußte. Er verlor seine Frau, die er liebevoll «Bunch» nannte und von der er sagte: «Wir hatten einander festgehalten in den Zeiten, da das Unglück uns in Stücke reißen wollte.»[21] Während des Gottesdienstes am 30. Juni 1974, als «Bunch» auf der Orgel das «Vater Unser» spielte, schrie eine Stimme: «Heute habe ich hier das Kommando», und erschoß Alberta King. Marcus Wayne Chenault schrie weiter: «Ich bin hier, um jede Mutter zu töten.» Das war die «dritte Tragödie im Hause King», berichtete die Zeitschrift «Time» am 15. Juli 1974.

«Daddy» King legte bald darauf sein Pfarramt nieder. Als einen späten Triumph empfand er die Aufforderung, als erster Schwarzer in der Geschichte Alabamas im Kapitol von Montgomery bei einer Sitzung beider Legislativgruppen, der «schwarzen» und der «weißen», sprechen zu können. Zwanzig Jahre nach dem Busboykott an gleicher Stelle brachte ihm die Versammlung «Standing ovations»; die Mitglieder ehrten ihn, indem sie stehend applaudierten.

Die Familie King hat auch in der dritten Generation Pfarrer hervorgebracht. Ein Sohn von Alfred Daniel und Naomi King, Derek, studierte Theologie. Auch King III strebt die kirchliche Laufbahn an. Vielleicht werden sie ernten, was ihre Väter und ihr Großvater säten.

James Albert King
  ∞ Delia Lindsay † 1924
  zehn Kinder, darunter als zweites
  Martin Luther King sen.
  *19. Dezember 1899

Adam Daniel Williams † 1931
  ∞ Celeste Jenny Williams
  † 18. Mai 1941

∞ Alberta Williams † 30. Juni 1974

Christine *September 1927
∞ Isaac Newton Farris

Martin Luther King jr.
15. Januar 1929 – 4. April 1968
  ∞ Coretta Scott King
  vier Kinder: Yolanda, Martin Luther III, Dexter, Bernice

Alfred Daniel
30. Juni 1930 – 21. Juli 1969
  ∞ Naomi Barber
  vier Kinder

Der Erbe – Martin Luther Kings Entwicklung bis 1956

Prägende Eindrücke, entscheidende Begegnungen, wegweisende Erfahrungen

Die Pfarrerfamilien King und Williams wohnten in eigenen Häusern. Sie genossen erhebliches gesellschaftliches Ansehen und waren finanziell gut gestellt. Martin Luther King jr. – zunächst durch ein Mißverständnis, das sich erst nach 28 Jahren aufklärte, als Michael Luther King beim Einwohnermeldeamt von Atlanta registriert – verbrachte mit seiner älteren Schwester Christine und seinem jüngeren Bruder Alfred Daniel eine Jugend in großer Geborgenheit. Mit vier Jahren schon nahm er am Leben der Gemeinde seines Vaters teil und sang Kirchenlieder, wobei ihn seine Mutter am Klavier begleitete. Sein Lieblingslied «I want to be like Jesus», (Ich möchte wie Jesus sein) gelang ihm dabei besonders eindrucksvoll. Als er sieben Jahre alt war, verdiente er sich, das war allgemein üblich, sein Taschengeld mit dem Verkauf von Limonade. Später verkaufte er Negerzeitschriften. Mit dreizehn Jahren betätigte er sich als Austräger des «Atlanta Journal». Er galt als ausgeglichen, selbständig, aber auch als sehr empfindsam. Einmal rannte er im Spiel seine Großmutter um, die zu Boden stürzte und ohnmächtig wurde. Dieser Unfall erschütterte ihn so, daß er aus dem Fenster des oberen Stockwerks sprang, sich jedoch nicht verletzte. Als seine Großmutter Monate später starb, brachte er ihren Tod in Zusammenhang mit seiner Rücksichtslosigkeit und sprang, geplagt von Schuldgefühlen, wiederum aus dem Fenster.

Trotz des Schutzes, den sein Elternhaus ihm gab, blieben ihm schlimme und niederdrückende Erfahrungen nicht erspart. King jr. schloß als Sechsjähriger Freundschaft mit zwei weißen Schulkameraden, Söhnen eines Kolonialwarenhändlers aus der Nachbarschaft. Als sie an eine andere Schule kamen, wollte Martin die Freundschaft fortsetzen und sie zum Spielen abholen. Doch ihre Mutter meinte, das sei nicht mehr möglich, weil er schwarz sei. Zwei Jahre nach diesem Vorfall wollte sein Vater ihm ein Paar Schuhe kaufen. *Ich erinnere mich, wie ich eines Tages ... mit meinem Vater einen Schuhladen im Geschäftsviertel der Stadt besuchte. Wir hatten uns auf die ersten Stühle vorn im Laden gesetzt, als ein junger weißer Angestellter auf uns zukam. «Ich will Sie gern bedienen», murmelte er höflich, «aber gehen Sie doch bitte dort hinten auf die Plätze.» – «Wir*

Das Geburtshaus Martin Luther Kings in Atlanta

haben an diesen Plätzen nichts auszusetzen», sagte mein Vater ... «Es tut mir leid», antwortete der Angestellte, «aber hier kann ich Sie nicht bedienen.» – «Nun, entweder kaufen wir unsere Schuhe hier, wo wir sitzen, oder wir kaufen gar keine», gab mein Vater zur Antwort. Darauf nahm er mich bei der Hand und ging mit mir aus dem Laden ... Ich höre ihn immer noch vor sich hin sprechen: «Ich werde dies System nie anerkennen, ganz gleich, wie lange ich unter ihm leben muß.» Und er hat es auch nie getan. Ich erinnere mich, daß er ein anderes Mal, als ich mit ihm im Wagen saß, aus Versehen ein Haltesignal überfuhr. Ein Polizist hielt den Wagen an und sagte: «So, Boy, zeig mal deinen Führerschein!» – «Ich bin kein Boy», rief mein Vater entrüstet und zeigte auf mich. «Das ist ein Boy! Ich bin ein Mann, und solange Sie mich nicht als solchen anreden, höre ich nicht auf Sie!» Der Polizist war so verdutzt, daß er in nervöser Hast den Strafzettel ausschrieb und den Schauplatz so schnell wie möglich verließ. Schon ehe ich geboren wurde, hatte sich mein Vater geweigert, mit den Stadtomnibussen zu fahren, nachdem er einmal Zeuge eines brutalen Überfalls auf einen vollbesetzten Negerbus geworden war... Bei diesem Erbe ist es nicht überraschend, daß auch ich die Rassentrennung verabscheute, ich hielt sie für unverständlich und für unverantwortlich. Als Teenager hatte ich mich niemals damit abfinden können, daß ich im Bus hinten oder im Zug in einem besonderen Abteil sitzen mußte. Als ich zum erstenmal in einem Speisewagen hinter einem Vorhang saß, hatte ich das Gefühl, als wäre der Vorhang auf mein Selbstbewußtsein heruntergelassen worden. Da ich wie jeder heranwachsende Junge gern ins Kino ging, besuchte ich auch einmal ein Filmtheater in Atlanta. Daß ich aber durch eine Hintertür hineingehen und auf einer schmutzigen Galerie sitzen mußte, ging mir so gegen den Strich, daß ich keine Freude mehr an dem Film hatte. Ich konnte mich nie an die separaten Wartezimmer, Speisehäuser und Toiletten gewöhnen... weil schon der Gedanke der Trennung mein Gefühl für Würde und Selbstachtung verletzte.» [22]

Die Schule bereitete dem Pfarrerssohn keine Mühe. Überdurchschnittlich begabt, übersprang er die neunte und die zwölfte Klasse der Booker T. Washington-Schule. Mit fünfzehn Jahren erhielt er die Zulassung für das Morehouse College. Er wollte Arzt werden, um anderen Menschen helfen zu können. Das war 1944. Er las «Über die Pflicht zum Ungehorsam gegen den Staat» von Henry D. Thoreau, ein Werk, in dem so kühne Sätze stehen, wie: «Nicht für einen Augenblick kann ich eine politische Organisation als meine Regierung anerkennen, die zugleich auch die Regierung von Sklaven ist.»[23] «Unter einer Regierung die irgend jemanden unrechtmäßig einsperrt, ist das Gefängnis der angemessene Platz für einen gerechten Menschen... es ist das einzige Haus in einem Sklavenstaat, das ein freier Mann in Ehren bewohnen kann.»[24]

Der junge Student nahm an Veranstaltungen einer integrierten Gruppe weißer und schwarzer Studenten verschiedener Colleges teil. Er arbeitete im Warenlager einer Matratzenfabrik als Hilfsarbeiter und bemerkte, daß die schwarzen Kräfte bei gleicher Arbeit schlechter bezahlt wurden als die weißen. Diese Beobachtung ließ ihn fühlen, wer er war.

Aus Begegnungen mit Morehouse-Professoren wie George D. Kelsey und Dr. Benjamin E. Mays erwuchs dann der Wunsch, Pfarrer zu werden. Seine Freunde, Walter McCall und Charles Evans Morton, selbst Theologiestudenten, bestärkten ihn. Mit siebzehn Jahren sollte King jr. in einem kleinen Saal der Kirche seines Vaters sprechen. Dann kamen aber so viele Zuhörer, daß man in die Hauptkirche umzog. Seine Predigt war vom Inhalt her so überzeugend, von der Form des Vortrags so packend, daß die Anwesenden tief ergriffen und zugleich überrascht auf ihren Plätzen saßen.

1947 wurde King jr. ordiniert. Er durfte als Reverend ein kirchliches Amt führen. Das eigentliche Studium der Theologie, das sich vor allem auf wissenschaftliche Fragen konzentrierte, lag noch vor ihm. Dazu zog King jr. an das theologische Crozer-Seminar nach Chester, Pennsylvania, mehr als 1000 Kilometer von Atlanta entfernt. Unter den 100 Studenten gab es nur sechs Schwarze. In den folgenden drei Jahren bis 1951 studierte King sehr intensiv. Er galt auch hier als herausragende Begabung. Die weißen Kommilitonen akzeptierten ihn und wählten ihn zum Klassensprecher. Sein Interesse galt im ersten Jahr der kritischen Lektüre des Neuen Testaments. Er bemerkte, daß es kein «zeitloses» Buch war, sondern ein in einer ganz bestimmten Zeit von ganz bestimmten Autoren für ein ganz bestimmtes Publikum geschriebenes literarisches Zeugnis darstellte. Er lernte Paulus als Ethiker und Jesus als Propheten kennen. Professor Morton Scott Enslin schilderte die frühe christliche Gemeinde als Gemeinschaft im Aufbruch. Das faszinierte King. Zugleich fand er in Walter Rauschenbuschs Werk «Christentum und soziale Krise» von 1907 etwas, was ihn nachhaltig beeindruckte: *Seit ich Rauschenbusch gelesen habe, bin ich überzeugt, daß jede Religion, die angeblich um die Seelen der Menschen besorgt ist, sich aber nicht um die sozialen und wirtschaftlichen Verhältnisse kümmert, geistlich gesehen schon vom Tod gezeichnet ist und nur auf den Tag des Begräbnisses wartet. Man hat mit Recht gesagt: «Eine Religion, die beim Individuum endet, ist am Ende.»*[25] King jr. las bei Rauschenbusch, daß schon die alttestamentlichen Propheten, allen voran Amos, gegen die soziale Ungerechtigkeit aufgetreten waren und daß sie auf eine «soziale Perfektion» hofften. In der Botschaft Jesu erblickte Rauschenbusch einen ungeheueren Anstoß, die Daseinsbedingungen des Menschen zu verbessern, zu «heilen». Zugleich beklagte er, daß das Christentum viel von diesem frühchristlichen «Impetus» verloren habe. Harmlos geworden, könne es sich kaum mehr auf seine eigenen Ursprünge berufen. King jr. nahm diese bitteren Feststellungen in sich auf. Er interessierte sich zunehmend mehr für die sozialen und ethischen Fragen des Zusammenlebens von Menschen. Ihn beschäftigten die Entwürfe von Platon und Aristoteles, Rousseau, Hobbes, Mill und Locke. 1949 las er Karl Marx, fand aber keinen Zugang zum Kommunismus. Ihn stieß ab, daß es in ihm für Gott, die schöpferische, personale Macht, die Grundlage, Inhalt, Wesen, Weg und Ziel des Lebens ist, keinen Platz gab. King verwarf auch die skrupellose Unbedenklichkeit des Kommunismus, mit der er verkündete, zur Erreichung gesetzter Ziele sei jedes Mittel erlaubt. Er sah, daß im Kommunismus der einzelne Mensch dem Staat ausgeliefert war. *Und wenn die sogenannten Rechte oder Freiheiten eines Menschen diesem Ziel im Wege stehen, werden sie einfach hinweggefegt... Der Mensch ist beim Kommunismus kaum mehr als ein Rad im Getriebe des Staates, ohne persönlichen Wert.*[26]

Hier brach die christliche Anschauung von Wert und Aufgabe des Menschen durch. King jr. kannte für ihn eine Verantwortung, die ihm kein Staat abnehmen konnte, eine «Mündigkeit», wie sie Dietrich Bonhoeffer beschrieben und in seinem Leben verwirklicht hat. Nach King gehört der Mensch nicht dem Staat, sondern sich selbst und Gott. Das macht seine Freiheit aus, die er dann in den Dienst der anderen stellen kann. Positiv am Kommunismus fand King den Protest gegen die vielen Formen der Not und der Unterdrückung; negativ seinen totalitären Anspruch. Hier schätzte er das Christentum höher ein, das durch einen Gott der Freiheit Freiheit gab. Am Crozer-Seminar hörte er in den Vorlesungen von A. J. Muste[27] erstmals Grundgedanken des Pazifismus. *Ich war tief bewegt von Dr. Mustes Ansichten, aber ganz und gar nicht von der Ausführbarkeit seiner Ideen überzeugt. Wie die meisten Studenten glaubte ich, daß der Krieg, wenn er auch niemals etwas positiv oder absolut Gutes sein kann, doch als etwas negativ Gutes die Ausbreitung und Vermehrung des Bösen verhindern kann. Ein Krieg, so furchtbar er ist, ist immer noch besser als ein dauerndes Ausgeliefertsein an ein totalitäres System wie den Nationalsozialismus, den Faschismus oder den Kommunismus. In dieser Zeit zweifelte ich daran, daß die Macht der Liebe soziale Probleme lösen kann... Dann fuhr ich eines Sonntagnachmittags nach Philadelphia, um eine Predigt von Dr. Mordecai Johnson, dem Vorsitzenden der Howard University, zu hören... Er war gerade von einer Reise nach Indien zurückgekehrt und sprach zu meiner großen Freude über das Leben und die Lehre von Mahatma Gandhi. Seine Botschaft war so tiefgründig und begeisternd, daß ich nach der Versammlung ein halbes Dutzend Bücher über Gandhis Leben und Werk kaufte. Wie die meisten Leute hatte ich von Gandhi gehört, hatte ihn aber nie ernstlich studiert. Als ich nun die Bücher las, war ich fasziniert von seinen Feldzügen gewaltlosen Widerstandes.*[28] King fühlte sich hingezogen zu dem, was Gandhi «satyagraha» nannte: Die Macht, die aus der Wahrheit kommt und in Liebe angewendet wird. Ihm stand die Aktion Gandhis in den Salzbergwerken von Darshana bei Surat, nördlich von Bombay, aus dem Jahre 1930 vor Augen. 2500 Freiwillige protestierten gegen das Salzmonopol der Briten. Damals schrieb Webb Miller, Korrespondent von United Press: «In vollständigem Schweigen marschierten die Gandhi-Leute auf und hielten etwa 100 Yards von der Einfriedung entfernt. Eine ausgewählte Schar löste sich aus der Menge, watete durch den Graben und näherte sich dem Stacheldrahtzaun ... Plötzlich ein Kommando, und Haufen von indischen Polizisten stürzten sich auf die herandrängenden Demonstranten und ließen Schläge mit ihren stahlbeschlagenen Lathis auf ihre Köpfe regnen. Nicht einer der Demonstranten erhob auch nur einen Arm, um die Schläge abzuwehren. Sie fielen um wie die Kegel. Dort, wo ich stand, hörte ich die krank machenden Schläge der Keulen auf ungeschützte Schädel. Die wartende Menge stöhnte und zog bei jedem Schlag den Atem ein im leidenden Mitgefühl. Die Niedergeschlagenen fielen mit ausgebreiteten Armen hin, bewußtlos oder sich krümmend mit gebrochenen Schädeln oder Schultern ... Da gab es keinen Kampf, kein Handgemenge, die Demonstranten marschierten einfach vorwärts, bis sie niedergeschlagen wurden.»[29]

Gandhi und seine Anhänger kämpften anders als herkömmliche Armeen. Mit jedem Niedergeschlagenen kamen sie dem Sieg näher. Dem Mächtigen wurde durch den Ohnmächtigen die Brutalität seiner Herrschaft und zugleich ihre Grenze aufgezeigt. Der Ohnmächtige öffnete dem Mächtigen die Augen über sich selbst und gab ihm die Möglichkeit, Fehler zu erkennen, um sich zu ändern. Es zeigte sich: Die Unbewaffneten waren nicht machtlos; die Bewaffneten nicht allmächtig.

Schon 1932 hatte Reinhold Niebuhr davon gesprochen, Gandhis Methode sei vielleicht auch für den Kampf der amerikanischen Neger um ihre Gleichberechtigung geeignet. Mordecai Johnson und Bayard Rustin

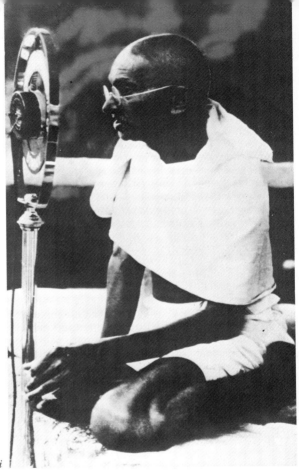

Mahatma Gandhi

erkannten in Gandhis Vorgehen einen «Weg, Wandel zu bewirken, statt nur fromm zu hoffen – und [es] war ein Weg, der vereinbar schien mit Jesu Lehre von der christlichen Liebe»[30].

King jr. merkte, daß Liebe und ein auf sie gegründetes Handeln *über eine bloße Wechselwirkung zwischen einzelnen Menschen hinaus zu einer wirksamen sozialen Macht in großem Maßstab* werden konnte. *Für Gandhi war die Liebe ein mächtiges Instrument für eine soziale und kollektive Umgestaltung. In seiner Lehre von der Liebe und Gewaltlosigkeit entdeckte ich die Methode für eine Sozialreform, nach der ich schon so viele Monate gesucht hatte ... Ich kam zu der Überzeugung, daß sie für ein unterdrücktes Volk in seinem Kampf um die Freiheit die einzige moralisch und praktisch vertretbare Methode war.*[31]

Und King stellte noch etwas fest: Das Christentum war einmal in die Geschichte eingetreten mit einem hohen Potential an verändernder Kraft. Diesen urchristlichen, revolutionären Elan konnte es nicht durchhalten. Es verlor ihn fast ganz und blieb anfällig für reaktionäres Verhalten. «Die westliche Welt, gewöhnt an den Anblick hochgestellter Vertreter der christlichen Kirchen an der Seite von Hochfinanz und Generalität ... hat ihre Praxis ... zum Gegenteil ihrer Predigt gemacht.»[32] Das Christentum ist bescheiden geworden, zu bescheiden. Es verlangt zu wenig von sich. «Das Christentum als caritative Bewegung – meine Güte, niemand zweifelt daran. Aber ist diese Religion ... nicht in Nächstenliebe ausgewichen, nur um nicht das andere, das Entscheidende, beginnen zu müssen, die Feindesliebe?»[33] King jr. erfaßte nun die tiefe persönliche, aber auch politische Bedeutung des Gebotes der Feindesliebe. «Zeigt euren Feinden, daß ihr sie liebt, und bittet Gott um seine Liebe für die, die euch verfolgen» (Matthäus 5,44).

Das Studium brachte den jungen Theologen in seiner Entwicklung weit voran. Er lernte und arbeitete sehr erfolgreich und fand Anerkennung. Sein Alltag jedoch geriet immer wieder an die Schranken und Grenzen, welche zwischen den Rassen bestanden. Einmal wollte er mit Walter McCall und zwei Mädchen in einem Lokal in Maple Shade zu Abend essen. Man bediente sie nicht, forderte sie vielmehr auf zu gehen. Doch sie blieben sitzen, bis der weiße Besitzer sie mit einer Pistole bedrohte. Erst jetzt verließen sie das Lokal, kamen aber mit einem Polizisten zurück, der den Restaurantbesitzer verhaftete. Vor Gericht fanden sich später keine Zeugen dieses Vorfalls, so daß die Anklage fallengelassen werden mußte.

Solche Erlebnisse und Erfahrungen beschäftigten King jr. sehr. Sein Studium der Theologie richtete sich nicht allein auf die Durchdringung theoretischer Fragen, sondern gerade auf die Lösung praktischer Alltagsprobleme. Theologie, Christentum als Aufgabe, das schwere Leben von benachteiligten Menschen zu erleichtern und erträglich zu machen, vielleicht sogar von der Substanz her zu verändern und auf festeren Boden zu stellen, so verstand King jr. seine Hochschularbeit. Er las und hörte dabei ganz gezielt die Autoren und Professoren, welche ihm hier weiterhalfen, darunter Reinhold Niebuhr, Paul Tillich und Henry David Thoreau. Im Juni 1951 schloß er sein Studium am Crozer-Seminar ab. Er war nun ein ausgebildeter Pfarrer mit dem akademischen Grad eines «Bachelor of Divinity». Als Klassenbester hielt er die Abschiedsrede. Für seine überragenden Studienleistungen erhielt er den Pearl Plafkner-Preis und die Lewis Crozer Fellowship mit einer Geldzuwendung von 1200 Dollar. Er wollte nun weiterstudieren. Das fand jedoch nicht die Zustimmung seines Vaters, der meinte, sein Sohn werde als hochgelehrter Mann das Verständnis für eine schwarze Gemeinde mit ihren kleinen und großen Sorgen verlieren. Zudem wünschte King sen., daß Martin zu der Ebenezer-Baptisten-Kirche zurückkehre, weil Alfred Daniel nicht die Fähigkeiten besaß, eine solche Pfarrei zu leiten.

King jr. setzte dann aber doch seine Studien an der Universität von

Gandhi auf dem Salzmarsch, 1930

Boston fort mit dem Ziel, eine Doktorarbeit zu schreiben. Er fühlte sich angezogen von dem dort lehrenden Edgar Sheffield Brightman, der ein Buch geschrieben hatte mit dem Titel: «Das Gottesproblem» («The Problem of God»). Brightman sprach dabei vom Gott der Christen als einem nahen, in die Geschichte und Geschicke des Menschen verwickelten Herrn. Gott stand nicht fern, abseits und uninteressiert dem Menschen gegenüber, sondern betroffen und mitleidend kämpfte er dessen schweren Kampf gegen das, was einem vollen, erfüllten, glücklichen Leben entgegenstand. Für Brightman gelangte der Mensch durch die freiwillige Annahme von Leid und Leiden zu Reife, Identität und zu der Fähigkeit zu lieben. Aus der Gewißheit eines nahen, mitleidenden Gottes erwuchs die Kraft, gegen und durch alle Widerstände hindurch die Liebe zu bewahren. Professor Brightman starb 1953. Professor Harold de Wolf, der einen ähnlichen theologischen Standpunkt vertrat, wurde nun für King entscheidend. Er las Hegel und noch einmal Marx, wobei ihm Hegel mehr bedeutete, weil er Gott nicht ausklammerte und dem einzelnen Menschen einen entscheidenden Raum im Prozeß der Geschichte zugestand. Das Studium des Existentialismus bei Jean-Paul Sartre, Karl Jaspers und Martin Heidegger bestärkte ihn in der Erkenntnis, daß sich im Einzelnen, wie schon bei Sören Kierkegaard und anders bei Friedrich Nietzsche, geschichtswirksame Kräfte sammeln, um durchzubrechen in die Existenz. Den Begriff der Angst als unabstreifbares Erbe des gefährdeten Lebens und als eine Seinsgegebenheit, die im Korrelat der Liebe ungeschmälerten Halt erfährt, lernte King jr. bei Paul Tillich kennen.

Aus diesen Anregungen ergab sich das Thema seiner wissenschaftlichen Untersuchung, in der King den Gottesbegriff bei Paul Tillich und Henry Nelson Wieman verglich, einem Vertreter der empirisch-naturalistischen Theologie.

Zunächst wohnte King in Boston allein. Im zweiten Semester zog er mit Philip Lenud, den er vom Morehouse College kannte, in ein Appartement. Gemeinsam besuchten sie am Freitag und Sonnabend den «Philosophischen Club», wo Schwarze und Weiße, Frauen und Männer Vorträge hielten und diskutierten. Im Februar 1952 traf er dort Mrs. Mary Powell, die, wie er, aus Atlanta stammte. Über sie lernte er Coretta Scott (geboren 1927) aus Marion, Alabama, kennen, die am Antioch College Gesang studierte, um Konzertsängerin zu werden. Ihr Vater besaß nach langen Jahren völliger Abhängigkeit von einem weißen Unternehmer einen gutgehenden landwirtschaftlichen Betrieb, ein Geschäft und - einen Victrola-Plattenspieler mit einer ungewöhnlichen Plattensammlung von Volks- und Kirchenliedern. King jr. sagte Coretta schon bei der ersten Begegnung, daß er in ihr den Menschen gefunden habe, den er suche. *Sie besitzen alles, was ich mir seit jeher von der Frau meiner Wahl erwarte. Es sind nur vier Dinge, und Sie besitzen sie alle ... Die vier Eigenschaften, die ich bei einer Frau suche, sind Charakter, Intelligenz, Persönlichkeit und Schönheit.* [34] Beide waren davon überzeugt, im anderen den für das eigene Leben notwendigen Menschen gefunden zu haben. Der seltene Fall, daß eine Frau und ein Mann sich alles geben können und einander alles bedeuten, erfüllte sich von Anfang an. Nach kurzer Zeit schon wußten sie, daß einer den anderen brauchte. Coretta Scott mußte für ihre Liebe ein großes Opfer bringen. Die Frau eines Geistlichen konnte nicht an eine Karriere als Konzertsängerin denken. Als sie sich aber fragte, ob sie es über sich bringen würde, ihn ein Leben lang zu vermissen, entschied sie sich für den gemeinsamen Weg. Die Hochzeit fand am 18. Juni 1953 im Vorgarten ihres Elternhauses statt. King sen. traute das Paar, Alfred Daniel war Brautführer.

In Boston setzten beide auch nach der Hochzeit ihre Studien fort. Sie wohnten in einer Vier-Zimmer-Wohnung nahe dem Konservatorium. Für den Sommer 1954 wollten sie die Ausbildung abschließen und eine Anstellung suchen. King jr. hatte dank seiner hervorragenden Leistungen mehrere Angebote. Zwei Kirchen im Norden und zwei im Süden boten ihm eine Pfarrstelle an. Ebenso stand ihm die akademische Laufbahn offen: Ein Dekanat und zwei Stellen im Hochschuldienst. Doch er entschied sich, eine Pfarrstelle im Süden anzutreten.«Sein großes Engagement drängte ihn eher zur schwereren als zur leichteren Aufgabe. Schon lange, ehe wir heirateten, hatte er mich gewarnt, und nun sagte er: ‹Ich kehre zum Süden zurück. Ich werde im Süden leben, denn dort werde ich gebraucht›», berichtet Coretta Scott-King.[35] Im Januar 1954 hielt er an der Dexter Avenue Baptist Church in Montgomery eine Probepredigt. Die Gemeinde bat ihn zu kommen. So trat der Fünfundzwanzigjährige am 1. September 1954 die Pfarrstelle an.

Coretta King hatte ihr Abschlußexamen am Konservatorium bestanden. Kings Doktorarbeit stand kurz vor der Vollendung. Anfang 1955 konnte er sie einreichen. Sie wurde angenommen, und die Universität

Hochzeit, Juni 1953

Boston verlieh ihm nach der mündlichen Prüfung am 5. Juni 1955 den Titel eines Doktors der Philosophie.

Coretta und Martin Luther wohnten in der South Jackson Street 309. Bald schon schlossen sie Freundschaft mit dem Pfarrer der First Baptist Church in Montgomery, Ralph Abernathy und seiner Frau Juanita.

Kings Gemeinde besaß ein gewisses intellektuelles Niveau. Sein Vorgänger, Dr. Johns, hatte ihr einiges abverlangt und ihr nicht selten Hochnäsigkeit und Selbstgefälligkeit vorgeworfen. King jr. benötigte, um seine Predigten verantwortlich sprechen zu können, fünfzehn Stunden Vorbereitung. Er schrieb sie ganz nieder und lernte sie auswendig. Am Sonntagmorgen sprach er dann frei. Er gründete ein Komitee, das Gelder für Stipendien sammelte, damit weniger bemittelte Familien ihre Kinder zur Schule schicken konnten. Ein anderes Komitee unterstützte die Arbeit junger schwarzer Künstler der Gemeinde mit finanziellen Zuschüssen. Coretta King half ihrem Mann bei der täglichen Arbeit. Des öfteren sang sie in Konzerten. Am 17. September 1955 kam ihr erstes Kind, die Tochter Yolanda, zur Welt. In dieser Zeit bat man den jungen King, den Vorsitz der örtlichen Gruppe der NAACP, der «Nationalen Vereinigung für den Fortschritt der Farbigen», einer gemäßigten Bürgerrechtsbewegung, zu übernehmen. Er lehnte ab, weil er sich um seine Gemeinde kümmern wolle, was all seine Zeit verschlinge. Er war einer von vielen baptistischen Pfarrern, ein begabter, unbekannter Mann des Wortes und der Tat. Nichts deutete darauf hin, daß sich daran etwas ändern sollte.

Die Dexter Avenue Baptist Church in Montgomery, Alabama

Die erste Seite von Dr. Kings Predigt «Loving your Enemies». Dexter 1957

Der Anfang – Der Busstreik von Montgomery
1. Dezember 1955 – 21. Dezember 1956

Vieles ereignete sich in diesem Jahr 1955: Marion Anderson gab ihr Debüt an der Metropolitan Opera in New York als Ulrica in Verdis «Maskenball». Sie war die erste schwarze Sängerin, die zum Ensemble des weltberühmten Hauses gehörte. Am 12. März starb Charlie Parker, einer der Gründer der neuen Jazz-Bewegung. Emmett Till, vierzehn Jahre alt und schwarz, wurde gekidnappt und gelyncht. Das geschah am 28. August in Money, Mississippi. Zuvor, am 31. Mai, hatte der «Supreme Court», das oberste Gericht der USA, angeordnet, die Rassenintegration müsse «zügiger» vorangetrieben werden. Ein Kapitel Weltgeschichte wurde in aller Stille und sozusagen «im Winkel» aufgeschlagen: In Montgomery, Alabama, weigerte sich die zweiundvierzigjährige schwarze Näherin Rosa Parks, ihren Sitzplatz im Bus an einen weißen Fahrgast abzugeben. «Die Welt stand auf, als Rosa Parks sitzen blieb», lautete später der Text eines vielgesungenen Liedes. Der Fahrer rief die Polizei. «Ich bin einfach müde, und meine Füße schmerzen. Ich habe den ganzen Tag schwer gearbeitet.» Rosa Parks wurde verhaftet. Die Nachricht durchlief sogleich die Stadt. Schon oft hatten derartige Schikanen die Gemüter erregt; schon oft hatten schwarze Busbenutzer vorne beim Fahrer bezahlt. Doch bevor sie hinten einsteigen konnten, schlossen sich die Türen. «Das widerfuhr älteren Leuten oder schwangeren Frauen, bei schlechtem und bei gutem Wetter, und galt unter den Fahrern als großer Spaß. Häufig beschimpften die weißen Busfahrer ihre Fahrgäste, nannnten sie Nigger, schwarze Kühe oder schwarze Affen.»[36] Doch diesmal schwiegen die Betroffenen nicht. Noch im März 1955 hatte die schwarze Bevölkerung von Montgomery es hingenommen, als die fünfzehnjährige Claudette Colvin in Handschellen abgeführt wurde, weil sie einem weißen Fahrgast ihren Sitzplatz im Bus nicht überlassen hatte. Nun aber war der Zeitpunkt da, der geschichtliche Augenblick, an dem nicht alles einfach so weiterlief wie bisher. Rosa Parks gab fast unwillentlich und unbeabsichtigt ein Signal. Sie durchbrach eine festgefügte Ordnung, in der die Weißen die Macht und die Schwarzen die Last trugen; in der es solche gab, die bedient wurden, und solche, die als Negermüllarbeiter, Negerdienstmädchen, Negertagelöhner, Negerkoch, Negerchauffeur dienten. Rosa Parks legte einen unnatürlichen, legalisierten Zustand bloß, der allen Schwarzen in getrennten Parkbänken, Schwimmbädern, Bibliotheken, Schulen, Imbißstuben, öffentlichen Toiletten und öffentlichen Verkehrsmitteln auf Schritt und Tritt begegnete. Mit dem 1. Dezember 1955 sollte sich einiges ändern. Rosa Parks verließ das Gefängnis nach kurzer Zeit gegen Zahlung einer Kaution von 100 Dollar. Den Prozeßtermin zu einer Verhandlung wegen Verstoßes gegen das Gesetz der Rassentrennung legte das Gericht auf den 5. Dezember fest.

Berufung

E. D. Nixon, der für Rosa Parks gebürgt hatte, rief am 2. Dezember morgens den neuen Pfarrer Dr. Martin Luther King jr. an, nachdem er schon mit Reverend Ralph Abernathy gesprochen hatte. Nixon erläuterte, was vorlag und fuhr dann fort: «Wir haben uns das alles schon viel zu lange bieten lassen. Ich glaube, die Zeit ist reif, daß wir die Busse boykottie-

ren.»³⁷ King schlug vor, für den Abend eine Versammlung der schwarzen Geistlichen und einflußreicher Mitglieder der Gemeinde einzuberufen. Versammlungsort sollte die Dexter Avenue Baptist Church, seine Kirche, sein. Sie lag gegenüber dem Regierungsgebäude, in dem Jefferson Davis am 18. Februar 1861 den Amtseid als Präsident der elf konföderierten Südstaaten abgelegt hatte.

Es trafen sich fast 50 Personen: Ärzte, Rechtsanwälte, Kaufleute, Angestellte der Bundesregierung, Gewerkschafter. Man einigte sich, die Busse von Montgomery am Montag, dem 5. Dezember 1955, dem Tag der Verhandlung gegen Rosa Parks, zu boykottieren. Die Pfarrer versprachen, alle schwarzen Gemeindemitglieder zu informieren. Mehrere 1000 Handzettel wurden gedruckt, mit der Aufforderung an die schwarzen Bewohner Montgomerys, die Busse nicht zu benutzen, bis weitere Weisung erfolge. Ferner luden die Pfarrer sie zu einer Massenveranstaltung in die Holt Street Baptist Church ein, um zu überlegen, was weiter zu tun sei. King jr. machte sich die Entscheidung, diesem Boykott zuzustimmen und ihn sogar aktiv zu unterstützen, nicht leicht. Erst im November hatte er den Vorsitz der örtlichen NAACP-Gruppe abgelehnt. Jetzt aber bewegte ihn ein

Rosa Parks

Busboykott 1995

Grundgedanke von Henry David Thoreau aus der Abhandlung «Über die Pflicht zum Ungehorsam gegen den Staat»: «Mit einem schlechten System kann man nicht zusammenarbeiten. Wer das Böse widerspruchslos hinnimmt, unterstützt es in Wirklichkeit.»[38] King jr. verwendete statt der Worte «Streik» und «Boykott» für das, was in Montgomery geschah, das Gandhi-Wort «Noncooperation»: «Nichtzusammenarbeit».

Am Montagmorgen beobachtete King jr., was sich im Laufe des Tages ungezählte Male wiederholte: Kein Schwarzer stieg in einen Bus. Auf alle nur möglichen und unmöglichen Arten gelangten sie zur Arbeit, zur Schule, zum College: Zu Fuß, per Anhalter, per Esel oder Einspänner. King jr. nahm um 9 Uhr an der Verhandlung gegen Rosa Parks teil, die mit einer Strafe von 10 Dollar und Übernahme der Gerichtskosten endete. Der junge Rechtsanwalt Fred D. Gray legte Berufung ein. Nachmittags gründeten die Männer und Frauen, die sich schon am 2. Dezember versammelt hatten, einen Bürgerausschuß zur Verbesserung der Beziehungen zwischen den Rassen: «Montgomery Improvement Association», abgekürzt «MIA».

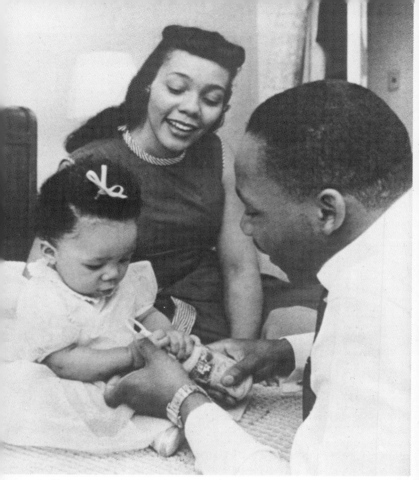

Mit Coretta und Yoki, 1956

Der Kaufmann Rufus Lewis schlug vor, King jr. zum Vorsitzenden zu wählen. Das war der Augenblick, in dem eine weltgeschichtliche Entwicklung von der unverwechselbaren Entscheidung eines einzelnen Menschen abhing. «Berufung» nennt das Alte Testament diesen Moment zwischen «Ja» und «Nein». Er ist durchaus nicht geprägt von einem entschlossenen Zugriff. Häufiger, und eigentlich fast immer, zögert der Angesprochene. Zumeist hält er sich für ungeeignet. «Ach, Herr, ich bin kein beredter Mann, ich war es nie und ich bin es auch jetzt nicht», wandte Mose ein (2. Mose 3,10). Der Prophet Jeremia widersprach: «Ach Herr, mein Gott, ich kann nicht sprechen, ich bin noch zu jung» (Jeremia 1,6). So auch hier. King hatte viele Gründe, das Amt abzulehnen. Erst vor wenigen Wochen war seine Tochter Yolanda geboren worden. Schon oft hatte die weiße Reaktion, «the white backlash», gerade die Führer schwarzer Protestaktionen verprügelt oder getötet. E. D. Nixon und Jack Corbin aber drangen darauf, er solle das Amt übernehmen.

«Wir benehmen uns wie kleine Jungen. Irgendein Name wird bekannt werden, und wenn wir Angst haben, dann können wir gleich Schluß machen. Die Weißen werden es doch irgendwie herausfinden. Besser wir entscheiden uns gleich, ob wir furchtlose Männer sein wollen, oder ängstliche kleine Jungen.»[39] King wurde einstimmig gewählt. Als Neuling in der Stadt sei er der richtige Mann, befand die Versammlung. Als er um 18 Uhr nach Hause kam, versicherte ihm seine Frau: «Du weißt, was immer du tust, ich stehe hinter dir.»[40] Im Herzen von King jr. herrschte dennoch Zweifel und Angst. Die Minuten verrannen. Er betete. Es blieb keine Zeit, die Ansprache vorzubereiten, die er auf der angekündigten Massenveranstaltung in der Holt Street Baptist Church als eben gewählter Vorsitzender der MIA halten sollte. Hier nun brach das durch, was sich im fernen, alttestamentlichen Text so anhört: «Und der Herr reckte seine Hand aus und rührte meinen Mund an und sprach zu mir: Siehe, ich lege meine Worte in deinen Mund» (Jeremia 1,9). King jr. wandte sich an Gott, bat ihn um Hilfe, trat vor die Menschenmenge und sprach.

Das ist die exakte Beschreibung des Vorgangs, den man die «Berufung eines Propheten» nennt. Seine Aufgabe ist «vor den Menschen zu sprechen», nicht im eigenen Namen, sondern unter «Berufung» auf Gott, also in Gottes Namen.

Fünftausend saßen in den Bänken, standen in den Gängen. Rund um die Kirche brach der Verkehr zusammen. Fernseh-, Rundfunk- und Pressejournalisten warteten. Ralph Abernathy und King jr. wurden über die Köpfe der Anwesenden hinweg nach vorne gehoben und an der Kanzel abgesetzt. Und dann war es, als fahre der Geist Gottes auf ihn nieder, eine Flamme; als werde er der Mund, durch den die anderen die eigene, verschüttete Sprache finden. Er sprach frei in einem dreifachen Sinn: ohne etwas Schriftliches vor sich zu haben; er sprach als freier Mensch und nicht wie ein Sklavennachkömmling; er sprach andere frei, er ermutigte sie, Freiheit einzufordern und Unfreiheit abzulegen. *Es kommt ein Zeitpunkt, an dem die Leute genug haben. Wir sind heute abend hier versammelt, um denen, die uns so lange mißhandelten, zu sagen, daß wir genug haben – genug davon, segregiert und erniedrigt zu sein, genug davon, herumgestoßen und brutal unterdrückt zu werden. Wir haben keine andere Möglichkeit, wir müssen protestieren. Viele Jahre haben wir eine unglaubliche Geduld gezeigt. Manchmal haben wir unseren weißen Brüdern den Eindruck vermittelt, die Art und Weise, in der wir behandelt wurden, sei uns recht. Aber heute abend kommen wir hier zusammen, um von jeder Art von Geduld frei zu werden, die weniger einbringt als Freiheit und Gerechtigkeit. Einer der Glanzpunkte der Demokratie ist das Recht, für das Recht kämpfen zu dürfen. Die weißen Bürgerräte und der Ku-Klux-Klan demon-*

Martin Luther King jr. in der Holt Street Baptist Church in Montgomery, Alabama, 1955

strieren für die Verewigung des Unrechts in der Stadt. Ihre Methoden führen zu Gewalttat und Gesetzlosigkeit. Aber in unseren Demonstrationen sollen keine Kreuze brennen. Kein Weißer wird von einem maskierten Negerpöbel aus seinem Haus verschleppt und brutal ermordet werden. Es wird weder Drohungen noch Einschüchterungen geben. Wir werden uns leiten lassen von den höchsten Grundsätzen von Recht und Ordnung ... Unsere Methode wird die der Überzeugung, nicht die des Zwanges sein. Wir wollen den Menschen nur sagen: «Laßt euch von eurem Gewissen leiten!» Unser Handeln muß von den höchsten Grundsätzen des christlichen Glaubens diktiert sein. Die Liebe muß unser entscheidendes Ideal sein. Über die Jahrhunderte hinweg sollen die Worte Jesu heute in unseren Herzen ein Echo finden: «Liebet eure Feinde, segnet, die euch fluchen, bittet für die, so euch beleidigen und verfolgen.» Ist das nicht der Fall, so wird unser Protest wie ein sinnloses Drama auf der Bühne der Weltgeschichte enden, und die Erinnerung daran wird in das häßliche Gewand der Schande gehüllt sein. Trotz der Mißhandlungen, denen wir ausgesetzt sind, dürfen wir nicht bitter werden und müssen aufhören, unsere weißen Brüder zu hassen. Booker T. Washington hat gesagt: «Laßt euch von niemand so tief herabziehen, daß ihr ihn haßt.» Wenn ihr mutig und doch mit Würde und in der Liebe Christi kämpft, werden einmal die Geschichtsschreiber späterer Generationen sagen: «Hier lebte einmal ein großes Volk – ein schwarzes Volk –, das den Menschen der zivilisierten Welt ein neues Bewußtsein, ein neues Gefühl der Würde eingeimpft hat.» Das ist unser Auftrag und unsere überwältigende Verantwortung.[41] Immer wieder unterbrach Beifall den sechsundzwanzigjährigen Prediger. Die Kraft seines Vortragens, die volle Baritonstimme, die gefüllten Pausen ergriffen die Zuhörer. Seine Rede richtete sich an Schwarze und Weiße. Sie rief auf zur Versöhnung. Sie stärkte das Selbstbewußtsein der Schwarzen und setzte die weißen Mitbürger nicht herab. Sie ließ einen Weg sichtbar werden und ein Ziel und machte damit Mut, etwas Unerhörtes zu beginnen. Nachdem sich die Anwesenden zu Ehren von Rosa Parks erhoben hatten, legte Ralph Abernathy drei Forderungen vor, die ohne Gegenstimme angenommen wurden: 1. Die Busunternehmer garantieren höfliche Behandlung. 2. Die Fahrgäste setzen sich in der Reihenfolge, in der sie kommen, die Schwarzen von hinten nach vorn – die Weißen von vorn nach hinten. 3. Auf Linien, die vornehmlich Schwarze benutzen, werden schwarze Busfahrer eingesetzt.

Als King jr. diese Forderungen am Mittwoch, dem 7. Dezember 1955, dem Bürgermeister, Stadtkommissaren von Montgomery und Vertretern der Busgesellschaft vortrug, hörte man ihn zwar höflich an, verwies ihn dann aber auf die gültige Rechtslage und lehnte ab. Später gab Jack Crenshaw, der Anwalt der Busgesellschaft, den wahren Grund der Ablehnung an: «Hätten wir den Negern diese Forderung gewährt, dann würden sie sich rühmen, einen Sieg über die Weißen errungen zu haben, und das können wir nicht dulden.»[42]

Die «Noncooperation», der Busboykott, ging inzwischen weiter. Behörden und Busgesellschaft rechneten damit, der Widerstand der Schwarzen werde am ersten regnerischen Tag zusammenbrechen. Doch das geschah nicht. MIA sorgte für die Organisation und Durchführung unerläßlicher Transporte. Autobesitzer übernahmen freiwillige Fahrten, und zeitweilig entstand ein regelrechtes Verkehrsnetz «aus zweiter Hand». Stadtverwaltung und Busgesellschaft gingen mit allen juristischen Mitteln und auch mit Drohungen und Einschüchterungsversuchen dagegen vor. Der neue Geist aber, der die Schwarzen von Montgomery ergriffen hatte, konnte nicht aufgehalten werden. Als man eine alte schwarze Frau fragte, warum sie den langen, beschwerlichen Weg nach Hause zu Fuß gehe und sich nicht mitnehmen lassen wolle, antwortete sie: «Ich laufe nicht für mich, ich laufe für meine Kinder und Enkel.»[43]

Während aus allen Staaten der USA und sogar aus Japan und der Schweiz Zuspruch, Anerkennung und auch finanzielle Unterstützung in Montgomery eintrafen, erreichten die Familie King tagaus, tagein die widerlichsten Anrufe. «Zu allen Tages- und Nachtstunden läutete das Telefon und irgendeine männliche oder weibliche Stimme überschüttete uns mit einer Flut obszöner Beschimpfungen, von denen ‹nigger son of a bitch› [Niggerhurensohn] noch die mildeste war. Weibliche Anrufer phantasierten oft von Sex und bezichtigten Martin und mich der unglaublichsten Abartigkeiten», schrieb Coretta Scott-King. Aber es gab auch solche Anrufe: «Hör, Nigger, unsere Geduld ist am Ende. Noch in dieser Woche wirst du es bereuen, daß du je nach Montgomery gekommen bist.»[44]

Die Bewährung – Das Attentat vom 30. Januar 1956

Je länger der Busboykott dauerte, je konsequenter er befolgt wurde, um so heftiger fiel die «weiße Reaktion» aus. Die Busgesellschaft verlor 65 Prozent ihrer Einnahmen. Sie mußte Strecken stillegen und die Tarife erhöhen. Der Haß der offenen und heimlichen Rassisten, des Ku-Klux-Klan und der weißen Bürgerräte wuchs. Sie begriffen nicht, worum es letztlich ging. King jr. sagte: *Was wir tun, tun wir nicht allein für die Schwarzen, sondern auch für die Weißen ... Segregation* (Rassentrennung) *ist für die einen so schlecht wie für die anderen. Indem wir den Neger befreien, befreien wir auch den Weißen von seinen falschen Anschauungen und unbewußten Schuldgefühlen gegenüber jenen, denen er Unrecht tut.*[45] Viele Weiße sahen in den Vorgängen einen Angriff auf ihre «Rechte», die es mit allen Mitteln zu verteidigen galt. Zielscheibe ihres Hasses war King jr. Am 30. Januar 1956, abends um 21 Uhr 30 warfen Unbekannte eine Bombe auf die Betonveranda seines Hauses. Coretta King mit ihrer Tochter Yolanda und eine Freundin, Mary Lucy Williams, saßen im vorderen Wohnzimmer. Als sie den Aufprall der Bombe vor der Explosion hörten, flüchteten sie in ein rückwärtiges Zimmer. King selber sprach zu dieser Zeit in der Kirche von Ralph Abernathy auf einer Massenveranstaltung. Als ihn die Nachricht erreichte, unterbrach er seine Rede und teilte der Versammlung mit, was geschehen war. Dann eilte er nach Hause und erfuhr, daß seine Frau und sein Kind unverletzt geblieben waren. Inzwischen hatte sich eine große Menge schwarzer Mitbürger versammelt. Jeden Augenblick konnte die aufgestaute Wut losbrechen. Bürgermeister Gayle und Polizeikommissar Clyde Sellers bedauerten das Attentat. C. T. Smiley, Rektor der Booker T. Washington High School, entgegnete erregt: «... daß sie ihr Bedauern ausdrücken, ist gut und schön, aber sie sind verantwortlich. Sie haben das Klima für so etwas geschaffen.»[46] Mit jeder Minute wuchs die Menge, aus der Anschuldigungen gegen die Polizei laut zu hören waren. Da trat King jr. auf die zerstörte Veranda. Alle, und vor allem er selbst, spürten, daß ein Augenblick der äußersten Entscheidung bevorstand. Sein Haus war soeben bombardiert worden; seine Frau und sein Kind hätten getötet werden können. Zum erstenmal standen seine christlichen Prinzipien und seine Theorie der Gewaltlosigkeit auf dem allerhärtesten Prüfstand. Ernst und gefaßt trat er vor die wütenden Menschen. Mit ruhiger Stimme sagte er: «*Meiner Frau und meinem Kind ist nichts passiert. Bitte geht nach Hause und legt euere Waffen weg. Wir können dies Problem nicht durch Vergeltung lösen. Wir müssen der Gewalt mit Gewaltlosigkeit begegnen ... Wir müssen unsere weißen Brüder lieben, gleichgültig, was sie uns antun ... Jesus ruft uns auch heute über die Jahrhunderte hinweg zu: Liebet eure Feinde. Dies müssen wir tun. Wir müssen Haß mit Liebe vergelten. ... Viele weinten ... Sie riefen ‹Amen› und ‹Gott segne dich›... Danach zerstreuten sich die Menschen. In der Menge vernahm man die Stimme eines weißen Polizisten: Ohne den Nigger-Prediger wären wir jetzt alle tot.»*[47]

Entscheidung – Das Oberste Gericht spricht Recht am 13. November 1956

Der Busboykott lief inzwischen ungebrochen weiter. Das Attentat hatte seinen inneren Zusammenhalt gestärkt. Es verschaffte ihm zudem eine weite publizistische Beachtung. Fernsehen, Rundfunk und Presse berichten alle Einzelheiten des Verlaufs der Auseinandersetzung. In wenigen Monaten stieg King jr. vom unbekannten Pfarrer zum anerkannten Führer der schwarzen Bürgerrechtsbewegung auf. Seine Lehre von der Gewaltlosigkeit setzte die Rassisten ins Unrecht und gab den Schwarzen eine neue, bisher nicht gekannte Identität.

Dann geschah der Durchbruch. In einer Gerichtsverhandlung am 22. März 1956 wurde er zu 500 Dollar Strafe oder 386 Tagen Zwangsarbeit verurteilt. King nahm das Urteil nicht an. Kurz darauf, im Mai 1956, fällte ein Bundesgericht das Urteil, die Rassentrennung in den Bussen von Montgomery sei verfassungswidrig. Die Stadt Montgomery legte Berufung ein beim Supreme Court. Monate konnten vergehen, bis es zu einer Entscheidung kommen würde. War der Boykott weiterhin durchführbar? Der Elan der Schwarzen blieb ungebrochen. Sie gingen weiterhin zu Fuß und sangen: «Wir benutzen keinen Bus.»

Mit dem schwarzen Dozenten Bayard Rustin und dem weißen Rechtsanwalt aus New York Stanley Levison erhielt die Bewegung eine außerordentliche Verstärkung. Andere weiße Freunde aber bekamen es bitter zu spüren, wenn sie sich für die Rassenintegration einsetzten. Juliette Morgan, eine weiße Bibliothekarin, schrieb einen Leserbrief. Seitdem galt sie als ausgestoßen. Sie stand die psychischen Belastungen nicht durch und setzte ihrem Leben mit einer Überdosis Schlaftabletten ein Ende.

Die Schwarzen nahmen die Schikanen, auch die der Polizei, gelassen hin. So oft führende Mitglieder der MIA verhaftet wurden, durchlief die Nachricht das Land und mehrte die Stimmen derer, welche die Rassentrennung als unerträglich empfanden. Es wuchs die Hoffnung, der Oberste Gerichtshof werde eine gerechte Entscheidung fällen. In dieser schweren Zeit hielt King jr. am 4. November 1956 in der Dexter Avenue Baptist Church eine Predigt, die er in die Form eines Briefs des Paulus an die amerikanischen Christen kleidete. *Ich lege euch hier einen an mich gerichteten, erdachten Brief aus der Feder des Apostels Paulus vor ... Ich höre ... daß es unter euch Christen gibt, die in der Bibel nach Gründen suchen, um die Rassentrennung zu rechtfertigen. Sie behaupten, Neger seien von Natur aus minderwertig. Oh, meine Freunde, das ist Lästerung und widerspricht*

Farbige in einem Schulbus, dessen Scheiben mit Steinen eingeworfen wurden

allem, was Christentum heißt. Ich muß wiederholen, was ich schon vielen anderen zuvor gesagt habe: «Hier ist nicht Jude noch Grieche, hier ist nicht Knecht noch Freier, hier ist nicht Mann noch Weib; denn ihr seid allzumal einer in Christus Jesus ...» Ich lobe euer Oberstes Gericht für sein Urteil, das die Rassenschranken aufhob ... Ich hoffe, daß eure Kirchen im Kampf gegen die Rassenschranken in vorderster Linie stehen werden. Immer ist es die Aufgabe der Kirche gewesen, Horizonte zu erweitern und Erstarrungen zu lösen. Die Kirche muß in die Arena der sozialen Taten treten ... Sie muß gegen jede Ungerechtigkeit auftreten, die Neger in Mietfragen, in der Erziehung, in den Fragen des polizeilichen Schutzes, vor Gerichten und Behörden zu erdulden haben. Sie muß ihren Einfluß auf dem Gebiet der wirtschaftlichen Gerechtigkeit nützen. Als Wächterin der Moral und des geistlichen Lebens der Gemeinschaft kann die Kirche diesen Übeln nicht tatenlos zusehen ... Laßt in eurem Kampf um die Gerechtigkeit eure Unterdrücker wissen, daß ihr sie nicht besiegen, daß ihr Ungerechtigkeiten nicht heimzahlen wollt. Verhaltet ihr euch so, dann kämpft ihr als wahre Christen ... Wenn ihr für Wahrheit und Ge-

rechtigkeit eure Stimme erhebt, werdet ihr Spott und Hohn erfahren. Man wird euch weltfremde Idealisten oder gefährliche Radikale schimpfen ... Vielleicht werdet ihr ins Gefängnis geworfen. Dann müßt ihr euren dortigen Aufenthalt als eine ehrenvolle Gunst betrachten. Vielleicht werdet ihr euren Arbeitsplatz oder eure gesellschaftliche Stellung verlieren. Selbst wenn manche ihr Leben verlieren sollten, um ihre Kinder vor dem seelischen Tod zu bewahren, so könnte doch kein Tod christlicher sein ... In einer Welt, die sich auf Macht, Zwangsherrschaft und Gewalt verläßt, seid ihr gerufen, dem Weg der Liebe zu folgen. Dann werdet ihr entdecken, daß unbewaffnete Liebe die stärkste Macht der Welt ist. [48]

Wenige Tage danach, am 13. November 1956, stand King jr. wieder vor Gericht. Stadt und Busgesellschaft klagten auf Schadenersatz. Wie das Gericht entscheiden würde, lag längst fest. Dann kam in der Mittagszeit plötzlich Unruhe im Gerichtssaal auf. Ein Reporter von Associated Press reichte King eine Notiz: «Das Oberste Gericht des Staates Alabama bestätigte heute die Entscheidung ... und erklärte die ... Gesetze, welche die Segregation in den Bussen anordnet, für verfassungswidrig.»

In der darauffolgenden Nacht fuhren Mitglieder des Ku-Klux-Klan durch Montgomery. Aber die Schwarzen beachteten sie nicht. Sie schauten eher belustigt dem Mummenschanz zu.

Es dauerte noch bis zum 20. Dezember 1956, bis das Urteil rechtskräftig und dem Bürgermeister von Montgomery, Gayle, zugestellt wurde. Bis dahin noch ging der Busboykott weiter. Zugleich aber «übten» die Schwarzen von Montgomery im Rollenspiel ihre neuerrungene Freiheit ein. Sie lernten, auch bei Beleidigungen ruhig, besonnen und vor allem gewaltlos zu reagieren. Das erwies sich als wichtig, denn die erbitterten Rassenfanatiker drohten, nun werde Blut fließen.

Stanley Levison, Bayard Rustin und Ella Baker, die später Leiterin des Büros der SCLC in Atlanta, sorgten dafür, daß der Erfolg bis in den letzten Winkel Amerikas getragen wurde. Sie organisierten am 5. Dezember, dem Jahrestag des Streikbeginns, ein großes Konzert in New York. Duke Ellington spielte, Harry Belafonte sang. Coretta Scott-King trug Spirituals vor: «Vorwärts, Kinder, werdet nicht müde», «Keep your hand», «King Jesus».

Am 20. Dezember 1956 trafen sich um 5 Uhr 45 Rosa Parks, E. D. Nixon, Ralph Abernathy, King jr. und der weiße Pfarrer Glenn Smiley. Im Beisein von Fernsehen und Rundfunk bestiegen sie um 6 Uhr einen Bus. Der weiße Fahrer fragte: «Ich glaube, Sie sind Dr. King, nicht wahr?» – «Ja, der bin ich», antwortete King jr. «Wir freuen uns, daß Sie heute morgen mit uns fahren.» Sie fuhren den ganzen Tag. Zwischenfälle gab es zunächst noch nicht. Dann, einige Tage später, wurden Busse mit Schwarzen beschossen. Auf Kings Haus verübten Unbekannte ein zweites Bombenattentat. Am 28. Januar fand man auf seiner Terrasse ein Bündel von vierzehn Stangen Dynamit, die noch glühten, aber nicht explodiert waren. Ralph Abernathys Haus und seine Kirche wurden von einer Bombe getroffen, ebenso drei weitere Kirchen der Schwarzen. King jr. hatte am 15. Januar 1957, seinem 28. Geburtstag, in einer großen Veranstaltung

Coretta King mit Harry Belafonte und Duke Ellington

eindringlich gewarnt: «Er beschwor seine Anhänger, die Gewalt hinzunehmen und mit Liebe zu erwidern, denn durch Liebe könnten wir überleben. Nachdem er mit der Menge gebetet hatte, sagte er: *Herr, ich hoffe, daß in Montgomery niemand im Kampf für die Freiheit sterben muß. Auch ich möchte nicht sterben. Wenn aber jemand sterben muß, dann laß es mich sein.*[49] Nach dem 28. Januar, dem Tag des zweiten Attentats, schlug die öffentliche Meinung der weißen Bevölkerung um. Es trat Ruhe ein zwischen den Rassen. «Und Martins Gebet wurde erhört. Kein einziger starb infolge der Freiheitsbewegung von Montgomery», schrieb später Coretta Scott-King.[50]

Das Zwischenspiel –
Die Jahre von 1957 bis 1962

Die folgenden Jahre trugen die Kennzeichen zweier Entwicklungen: Zum einen zog der «Erfolg», «die Geburtsstunde des schwarzen Selbstbewußtseins», eine Kettenreaktion ähnlicher, in der Zielsetzung gleicher Aktionen nach sich. Immer neue Formen des gewaltlosen Widerstands machten auf vorhandenes Unrecht im Gewande des Rechts aufmerksam. Zum anderen organisierten sich die schwarzen Amerikaner und gaben so ihrer wiedergewonnenen Identität Ausdruck. Sie verdichteten in bisher nicht gekannter Solidarität ihre Einsichten zu politisch wirksamer Aktivität. King jr. gab ihnen die menschliche Würde zurück, welche ihnen von den Weißen durch Jahrhunderte vorenthalten und gänzlich abgesprochen worden war. Für viele Weiße, vornehmlich im Süden, galt noch das Urteil des Obersten Gerichtshofs von 1857, nach dem «Neger nicht unter die in der Verfassung genannten ‹Bürger der USA› zu rechnen seien und keine Rechte besäßen, die ein Weißer respektieren muß»[51]. Dennoch begann ab 1955 ein Prozeß grundlegender Veränderungen. Sein Kennzeichen war, daß in ihm nicht mehr die Weißen Tempo und Richtung bestimmten.

Die organisatorische Basis –
Southern Christian Leadership Conference (SCLC)

Ähnlich wie in Montgomery entstanden in Tallahassee, Florida, in Birmingham und Mobile, Alabama, und in Atlanta, Georgia, schwarze Protestzentren. Ihre Führer waren Pfarrer, darunter C. K. Steele und Fred Lee Shuttlesworth. King jr. war bestrebt, alle Gruppen zusammenzufassen. Zur Vorbereitung traf man sich am 10. und 11. Januar 1957 in Atlanta und beschloß, eine Konferenz aller schwarzen Führer des Südens nach New Orleans einzuberufen. Am 14. Februar gab sich die Organisation den Namen «Südliche christliche Führungskonferenz» (SCLC = Southern Christian Leadership Conference) mit dem Programm: «Kampf gegen alle Formen der Rassentrennung sowie ein Feldzug für die Registrierung der schwarzen Wähler im Süden»[52] auf der Grundlage der Gewaltlosigkeit. «Martin wurde durch Zuruf zum Präsidenten der SCLC gewählt, C. K. Steele zum Vizepräsidenten, Fred Shuttlesworth zum Sekretär und Ralph Abernathy zum Schatzmeister.»[53] Sitz der Organisation sollte Atlanta sein, wo Ella Baker als Sekretärin die Fäden in der Hand hielt. Die Konferenz forderte in einem Telegramm Präsident Eisenhower auf, eine Gesprächsrunde in das Weiße Haus zusammenzurufen, welche die drängenden Fragen im Verhältnis von schwarzen und weißen Amerikanern mitsamt den Konsequenzen für die Rechtsprechung erörtern soll.

Das Echo von draußen – Reise nach Ghana

Am 18. Februar 1957 erschien in der Zeitschrift «Time»eine Titelgeschichte über King jr. Sie würdigte ihn als entscheidenden Wortführer und Organisator des Busboykotts von Montgomery. King jr. avancierte zum Helden einer Comic-Serie. Der Staatschef von Ghana, Kwame Nkrumah, lud ihn und Coretta Scott-King zur Feier des Unabhängigkeitstags seines Landes nach Accra ein. King traf dort unter anderem Ralph Bunche, Adam Clayton Powell, A. Philip Randolph und Roy Wilkins. Vizepräsident Richard Nixon erkannte ihn auf Grund des «Time»-Fotos, kam zu ihm und begrüßte ihn.

Über Nigeria, Rom mit Besuch beim Papst, Genf, Paris und London flogen die Kings in die USA zurück. Dort zeigte sich immer deutlicher, daß die Eisenhower-Regierung trotz des ständigen Drängens der Schwarzen nicht bereit war, die heißen Eisen der Bürgerrechte und der Rassenintegration anzufassen. Die Führer der Schwarzen reagierten mit einem «Marsch für die Freiheit». Am 17. Mai 1957 mittags um 12 Uhr forderten 37000 Marschierer die Regierung auf zu handeln. King jr. rief dem Kongreß, den Parteien und dem Präsidenten zu: «Gebt uns Stimmzettel.» [54]

Kontakte und Schritte

In der alltäglichen Arbeit wuchsen SCLC, NAACP, die sich dem Rechtsschutz der Schwarzen verschrieben hatte, und CORE (Congress of Racial Equality) immer mehr zusammen. Im alltäglichen Kleinkrieg vor Ort schleppte sich die Wählerregistrierung nur langsam und mühsam voran. Gewaltakte, Schikanen und offene, unverhohlene Rechtsbrüche schreckten auch die mutigsten Schwarzen.

King jr. warb unermüdlich. 1957 hielt er 208 Ansprachen und reiste 780000 Meilen. Er schrieb sein erstes Buch: *Strides toward Freedom* (Freiheit). Ihm wurden glänzende Positionen mit hohem Einkommen angeboten. Aber er blieb in Montgomery, wo am 23. Oktober sein erster Sohn, Martin Luther King III, geboren wurde.

Den Geburtstag von Abraham Lincoln am 12. Februar 1958 nahm die SCLC zum Anlaß, in den großen Städten des Südens 21 Massenveranstaltungen durchzuführen. King jr. rief: *Wir wollen Freiheit – jetzt. Wir wollen nicht über weitere 150 Jahre die Freiheit teelöffelweise eingeflößt bekommen!* [55] Bald darauf lud Präsident Eisenhower, wie vor einem Jahr gefordert, zu einer Konferenz ins Weiße Haus ein. King jr., Roy Wilkins, A. Philip Randolph und Lester B. Granger baten den Präsidenten um Sicherung der Rechtsstellung und Schutz für die schwarzen Amerikaner. Der Eindruck, den King jr. mit nach Hause nahm, war wenig ermutigend. Der Präsident hatte nicht erkannt, daß es sich bei der Rassenintegration und der Verwirklichung der Bürgerrechte um das Thema Nr. 1 handelte.

Strukturelle Gewalt und Recht

Am 3. September 1958 wollten King jr. und seine Frau in Montgomery an einer Gerichtsverhandlung teilnehmen, zu der Ralph Abernathy als Zeuge geladen war. Weiße Polizisten hinderten sie am Betreten des Saales. Sie mißhandelten King und beschuldigten ihn, Widerstand geleistet

Verhaftung Martin Luther Kings in Montgomery, September 1958

zu haben. In der folgenden Verhandlung am 5. September sprach Richter Eugene Loe ihn schuldig und verurteilte ihn zu einer Geldstrafe von 10 Dollar ersatzweise vierzehn Tage Haft. King hatte sich schon vorher nach eingehender Beratung mit vertrauten Freunden der MIA und seinem Vater entschlossen, die Haftstrafe anzutreten. *Man muß sich ganz geben,* begründete er seine Entscheidung. *Sobald man sich einmal entschieden hat, sich ganz zu geben, ist man bereit, alles zu tun, was der Sache dient und die Bewegung fördert. Ich habe diesen Punkt erreicht. Mir bleibt keine Wahl mehr. Ich muß mich ganz geben.*[56] Doch er wurde ohne Kommentar entlassen. Jemand habe seine Strafe von 10 Dollar bezahlt. Offenbar besaß Polizeikommissar Clyde Sellers ein Gespür dafür, was es nach sich ziehen konnte, wenn die ganze Nation erführe, wie es in Montgomery um das Recht bestellt war.

Das dritte Attentat

Am 19. September 1958 signierte King jr. im Kaufhaus Blumenstein an der 125th Street in Harlem sein gerade erschienenes Buch. Mrs. Isola Curry, eine zweiundvierzigjährige Schwarze, drängte sich zu ihm und fragte: «Sind Sie Dr. King?» Als er bejahte, rief sie: «Seit fünf Jahren bin ich hinter dir her», und stieß ihm einen scharfen japanischen Brieföffner in die Brust. Später fand man bei ihr noch einen geladenen Revolver. Der operierende Arzt, Dr. A. D. Maynard, stellte fest, daß die Spitze der Mordwaffe die Aorta berührte. «Hätte er sich heftig bewegt oder geniest, er wäre augenblicklich gestorben.»[57]

Die Genesung verlief nach einer schweren Operation ohne Komplikationen. Dieses Attentat machte King jr. und seiner unmittelbaren Umgebung überdeutlich, in welcher dauernden Gefahr er schwebte. Ebenso aber leuchtete der «neue Geist» auf, aus dem sich das Denken und Handeln des Baptistenpredigers von Montgomery speiste. Er bat für Frau Isola Curry: *Diese Frau braucht Hilfe. Sie ist nicht verantwortlich für die Gewalt, die sie gegen mich gebraucht hat. Tut ihr nichts, bringt sie nicht vor Gericht, heilt sie.*[58] Unter den Tausenden von Briefen, die ihn im Krankenhaus erreichten, befand sich der eines jungen weißen Oberschülers: «Ich bin froh, daß Sie nicht niesen mußten und daß Gott sie verschont hat, damit Sie weiter Gutes tun können.»[59] Bis zum 3. Oktober 1958 blieb King jr. im Krankenhaus. Danach kehrte er nach Montgomery zurück.

Reise zu den Ursprüngen –
Auf den Spuren Mahatma Gandhis

Schon lange lag eine Einladung der «Gandhi Peace Foundation» (Gandhi Friedens-Stiftung) vor, in Indien Vorträge zu halten. King verehrte Gandhi als Vorbild des gewaltlosen Widerstands. *Von Christus stammt der Geist; Gandhi zeigte, wie er sich in der Welt realisieren ließ.*[60]

Am 9. März 1959 traf King jr. mit seiner Frau in Bombay ein. Das Land, das er voller Erwartung bereiste, bot sich ihm in all seinem unsagbaren Elend, seinem unausmeßbaren Leid dar. «Als wir zum luxuriösen Taj Mahal-Hotel fuhren, trat ein Mann mit einem Kind in den Armen zum Flughafenbus. Er sprach kein Englisch, aber er wies erst auf seinen offenen Mund, dann auf das Kind, um auszudrücken, daß es am Verhungern sei», berichtete Coretta Scott-King.[61] King sprach mit Premierminister Nehru und seiner Tochter Indira Gandhi. Als er in die USA zurückkehrte, hatte er mit eigenen Augen gesehen, daß die von Menschen an Menschen verursachte Armut eine der tiefsten Wurzeln der Verelendung großer Teile der Weltbevölkerung darstellte. Das galt überall, nicht nur für sein eigenes Land. *Ein Haus, das Menschen zu Bettlern macht, muß umgebaut werden.*[62]

Umzug nach Atlanta

Seit September 1954 nahm King jr. die Pflichten des Pfarrers an der Dexter Avenue Baptist Church in Montgomery wahr. Im Dezember 1956 übernahm er die Leitung der MIA, im Februar 1957 die Präsidentschaft der SCLC in Atlanta. Er glaubte, die anfallenden Pflichten miteinander vereinbaren zu können. Ende 1959 zeigte sich, daß das nicht möglich war. Das ständige Pendeln zwischen Montgomery und Atlanta, die dauernde Abwesenheit, ließen ihn am 29. November die Gemeinde bitten, einem anderen das Amt zu geben. Für die Gemeinde und für ihn bedeutete das einen schweren Abschied. King jr. trat die Stelle des zweiten Pfarrers der Ebenezer Baptist Church in Atlanta an, der Kirche seines Vaters. Gleich nach seiner Ankunft am 1. Dezember 1959 setzte er einen entscheidenden Akzent. Vorausblickend in das Jahr 1960, in dem die nächste Präsidentschaftswahl in den USA stattfinden würde, gab King jr. der ganzen Nation bekannt, man wolle die Zahl der wahlberechtigten schwarzen Bürger entscheidend erhöhen, um einen angemessenen Einfluß auf die Politik und im besonderen auf diese Wahl nehmen zu können.

Das Abschiedsgeschenk – Justiz in Montgomery

Zu den Abscheulichkeiten, die sich Menschen ausdenken, um andere zu diffamieren, gehört die bewußt ausgegebene, falsche Beschuldigung, sich an Spendengeldern bereichert zu haben. Diesen Vorwurf erhob ein Geschworenengericht von Montgomery Anfang 1960 gegen King jr. Schon der Verdacht wog schwer, und obwohl Ralph Abernathy, Bayard Rustin, Stanley Levison und Ralph Bunche ihm versicherten, ein Schaden sei nicht zu befürchten, war King sehr niedergeschlagen. Er wußte, daß Schuld oder Nichtschuld eines Schwarzen vor einem Gericht des Südens keine Bedeutung besaßen. Die schwarze Bevölkerung stand zu ihm. Sie spendete für den Prozeß, den King jr. mit sieben erstklassigen Anwälten bestritt. Am 28. Mai 1960, einem Sonnabend, sprach ein südliches Gericht, besetzt mit zwölf weißen Geschworenen, einen Schwarzen frei. Der Versuch, King jr. herabzusetzen, war gescheitert.

Die «Sit-in-Bewegung» und die Gründung des SNCC

Der schwarze Student Joseph McNeill bat an der Imbißstube einer Bushaltestelle in Greensboro, North Carolina, vergeblich darum, bedient zu werden. Dies Erlebnis erzählte er seinem Freund Ezell Blair jr. Am 1. Februar 1960 gingen sie und zwei weitere Studenten zu Woolworth's. Sie

wurden nicht bedient. Aber sie kamen täglich wieder und verlangten, daß ihre Bestellung erfüllt würde. Als das nicht geschah, blieben sie im Lokal sitzen. Bald schlossen sich andere an, schwarze und weiße Studenten und Studentinnen. Die Vorfälle gelangten in die Öffentlichkeit, und innerhalb von nur zwei Wochen kam es zu «Sit-ins» im ganzen Süden. Oft trugen die Teilnehmer Plakate mit der Aufschrift: «Denkt an die Lehren von Gandhi und Martin Luther King.» Am 15. April 1960 trafen sich 150 Studentenführer, darunter Bernard Lee, und der Vorstand des SCLC. Man vereinbarte gemeinsame Aktionen auf der Basis des gewaltlosen Widerstands. Die Studenten schlossen sich zusammen zum «Studentischen gewaltlosen Koordinierungskomitee» (Student Nonviolent Coordinating Committee = SNCC). In den Reihen dieser jungen Leute voller Hingabe und Opferbereitschaft wurde ein Lied der Schwarzen mit immer neuen Strophen gesungen:

We shall overcome!	Wir werden es schaffen!
We shall overcome!	Wir werden es schaffen!
We shall overcome some day.	Eines Tages werden wir es schaffen.
Deep in my heart I do believe:	Tief in meinem Herzen glaube ich:
We shall overcome some day!	Eines Tages werden wir es schaffen!
We'll walk hand in hand!	Wir gehen Hand in Hand!
We'll walk hand in hand!	Wir gehen Hand in Hand!
We'll walk hand in hand today.	Heute gehen wir Hand in Hand.
Deep in my heart I do believe:	Tief in meinem Herzen glaube ich:
We shall overcome some day!	Eines Tages werden wir es schaffen!
Black and white together!	Schwarz und Weiß zusammen!
Black and white together!	Schwarz und Weiß zusammen!
Black and white together some day!	Eines Tages Schwarz und Weiß zusammen.
Deep in my heart I do believe:	Tief in meinem Herzen glaube ich:
We shall overcome some day!	Eines Tages werden wir es schaffen!
We are not afraid!	Wir haben keine Angst!
We are not afraid!	Wir haben keine Angst!
We are not afraid today.	Heute haben wir keine Angst.
Deep in my heart I do believe:	Tief in meinem Herzen glaube ich:
We shall overcome some day!	Eines Tages werden wir es schaffen!
The trust will make us free!	Die Wahrheit* wird uns frei machen!
The trust will make us free!	Die Wahrheit wird uns frei machen!
The trust will make us free some day!	Eines Tages wird uns die Wahrheit frei machen.
Deep in my heart I do believe:	Tief in meinem Herzen glaube ich:
We shall overcome some day!	Eines Tages werden wir es schaffen!

* Die deutsche Übersetzung fußt auf einer älteren Fassung, in der es heißt: «Truth will make us free».

Im Herbst 1960 wollten Studenten in Atlanta gegen die Rassentrennung in Restaurants protestieren. «Ein Neger», so schrieb Scott-King, «konnte außerhalb der schwarzen Viertel so gut wie nirgends auch nur ein Glas Mineralwasser bekommen... Als Martin... einst nach Atlanta flog, geriet er mit einem Weißen... ins Gespräch, und sie unterhielten sich so gut, daß ihn sein Mitreisender in Atlanta zu einem Lunch im Flughafen einlud... Sie verlangten einen Tisch für zwei Personen, worauf die Empfangsdame Martin ansah und sagte: ‹Ich muß Sie an einen Extratisch setzen.› Sie führte Martin zu einem Platz hinter einem Vorhang und sagte: ‹Es ist alles dasselbe: das Essen, der Tisch und die Stühle sind dieselben.› *O nein*, entgegnete mein Mann... *Es ist nicht dasselbe. Wenn Sie mich segregieren, bringen Sie mich um die Gesellschaft meines Bruders, mit dem ich mich gerne weiter unterhalten möchte.*» [63]

Die Studenten hatten sich das größte Kaufhaus des Südens, «Rich's», für ein «Sit-in» ausgewählt. Es besaß fünf große Restaurants für Weiße. Schwarze hingegen wurden nur in einer Cafeteria bedient. King jr. und sein Bruder Alfred Daniel schlossen sich den Studenten an. Als sie zu den Restaurants Einlaß verlangten, wurden sie mit 80 weiteren Personen verhaftet. Man hatte verabredet, im Gefängnis zu bleiben und keine Kaution zu stellen. Tage vergingen, und zum erstenmal fragte die kleine Yolanda, Kings inzwischen fünf Jahre alte Tochter: «Warum mußte Daddy ins Gefängnis?»

Der Gefangene von Reidsville

Man entließ kurz darauf alle, auch King jr. Nach einem ähnlichen Protest Anfang Oktober 1960 in Albany, bei welchem er wiederum mit zahlreichen Studenten ins Gefängnis gebracht wurde, ließen die Behörden alle frei außer King jr. Ihn hielten sie fest wegen eines weiteren «Delikts»: Er hatte nach seinem Umzug von Montgomery, Alabama, nach Atlanta, Georgia, versäumt, seinen Führerschein umschreiben zu lassen. Richter Mitchell erklärte ihn für schuldig und verurteilte ihn zu sechs Monaten Zwangsarbeit in der staatlichen Besserungsanstalt Reidsville. Damals erwartete Coretta King ihr drittes Kind, und es sah danach aus, daß es geboren werden sollte, während sein Vater im Gefängnis saß.

Reidsville galt als Hochburg des Ku-Klux-Klan. Über eine Strecke von 500 Kilometern brachte man King jr. nachts, an Händen und Füßen mit Ketten gefesselt und von Hunden bewacht, dorthin. Es bestand die Gefahr, daß er «durch einen Unfall», «auf der Flucht» oder «durch Selbstmord» zum Schweigen gebracht werden sollte. Man steckte ihn zu Schwerverbrechern in die Zelle. Seine Familie versuchte alles, ebenso Stanley Levison. Schon oft waren mißliebige, lästige Schwarze bei einer «Gefängnisrevolte» versehentlich erschossen oder von Mithäftlingen getötet worden. Da schaltete sich John F. Kennedy ein, Senator und Präsidentschaftskandidat der Demokraten. Harris Wafford jr., einer seiner Mitarbeiter, Rechtsanwalt und Bewunderer Gandhis, hatte Kennedy auf

Mit Marty und Yoki

den Fall King hingewiesen. Am 26. Oktober, nur wenige Tage vor der Wahl, rief Kennedy Coretta King an. «‹Guten Morgen, Mrs. King. Hier spricht Senator Kennedy ... Ich möchte Ihnen meine Anteilnahme an dem Geschick Ihres Mannes aussprechen. Ich weiß, daß es für Sie sehr schwer sein muß. Wie ich höre, erwarten Sie ein Kind, und ich wollte Ihnen nur sagen, daß ich an Sie und Ihren Mann denke. Wenn ich irgend etwas für Sie tun kann, so teilen Sie mir das bitte ungeniert mit.› – ‹Ich weiß Ihre Anteilnahme zu schätzen›, sagte ich. ‹Ich wäre Ihnen für alles dankbar, was Sie für uns tun könnten.› Das war das Kernstück des berühmten Gesprächs, von dem es heißt, es habe die Geschichte verändert und einen Präsidenten der USA gemacht. ...»⁶⁴ Robert Kennedy, der Bruder des Präsidentschaftskandidaten, rief Richter Mitchell an. King wurde gegen Kaution freigelassen. Er flog sofort nach Atlanta. In der Ebenezer Baptist Church hatten sich 800 Menschen versammelt. In dem Dank- und Gebetsgottesdienst sagte King jr.: *Wir müssen bereit sein zu leiden, zu opfern und sogar zu sterben. Wir müssen weiter den Mut haben, das System der Rassentrennung zu bekämpfen, wo es sich auch zeigt: in Schulen, öffentlichen Parks, christlichen Kirchen, Speisesälen oder öffentlichen Bibliotheken.*⁶⁵

«Wenige Tage später wurde John Kennedy zum Präsidenten der USA gewählt. Nur etwa 100 000 Stimmen gaben den Ausschlag. Ich bin über-

King jr. wird dem Richter vorgeführt, Oktober 1960

John F. Kennedy

zeugt, daß die Historiker recht haben, wenn sie meinen, seine Intervention in Martins Fall hätte ihm das Präsidentenamt eingebracht», berichtete Coretta Scott-King in ihrer Autobiographie.[66] Tatsächlich gaben 85 Prozent der wahlberechtigten Schwarzen Kennedy ihre Stimme und weniger als 15 Prozent votierten für seinen Gegenkandidaten Nixon.

Busreisen für den Frieden – «Gefängnis ja – Kaution nein!»

Die Sit-in-Bewegung von 1960 muß als ein großer Erfolg angesehen werden. In mehreren hundert Städten und Kreisen des Südens führte sie zur Aufhebung von Rassenblockaden in Restaurants und Imbißstuben. Vor allem die Bereitschaft der Schwarzen, die Gefängnisse zu füllen, um den Unrechtsgehalt bestehender Gesetze bloßzulegen, hatte diese Wende herbeigeführt. Das «studentische gewaltlose Koordinierungskomitee»

SNCC gab daher für das Jahr 1961 die Devise aus: «Jail no bail» (Gefängnis ja – Kaution nein). Diesen Beschluß faßte es am 6. Februar in Rockhill, South Carolina. «Als eine junge Schwarze in Tallahassee, Florida, ins Gefängnis eingewiesen wurde, wollte ihre Mutter die Kaution bezahlen. Die junge Frau entschied sich, im Gefängnis zu bleiben: Mama, ich liebe Dich. Aber ich bin nicht frei. Ich bin deshalb nicht frei, weil deine Generation nichts unternommen hat. Aber ich möchte, daß meine Kinder frei werden. Und deshalb bleibe ich im Gefängnis.»[67]

Zugleich startete CORE eine Aktion, die zur Gleichbehandlung der Schwarzen in den Überlandbussen von Virginia, North und South Carolina, Alabama und Mississippi führen sollte. Das geschah in Absprache mit der SCLC und dem SNCC auf der Basis einer gerade erlassenen gesetzlichen Regelung. Präsident Kennedy war unterrichtet. Am 4. Mai bestiegen schwarze und weiße Freiwillige die großen Greyhound- und Trailwaybusse. Die «Freedom-Riders» (Freiheitsfahrer) trafen in den Städten des Südens auf gewalttätige weiße Rassisten. Sie zerrten die Freiheitsfahrer aus den Bussen, mißhandelten und verprügelten sie. Aber nicht die Randalierer und Gesetzesbrecher wurden in die Gefängnisse geworfen, sondern ihre Opfer, die zudem auf der Grundlage geltenden Rechts handelten. Bilder von brennenden Bussen, haßverzerrten Gesichtern, blutenden, sich nicht zur Wehr setzenden Männern und Frauen füllten das Fernsehen und die Presse. Eine Nation wurde mit sich selbst konfrontiert, als in Montgomery, Alabama, 300 fanatisierte Rassisten am 20. Mai einen Bus angriffen. John Siegethaler, ein weißer Mitarbeiter von Justizminister Robert Kennedy, wurde niedergeschlagen. James Zwerg, ein weißer Student, lag eine Stunde bewußtlos auf der Straße. Erst dann erschien die Ambulanz. Die örtlichen Polizeikräfte unternahmen nichts zum Schutz der Freiheitsfahrer. Erst als 600 Mann der Nationalgarde auf Anordnung des Justizministers erschienen, zog sich die rasende Menge zurück.

Für den Abend hatte King in der First Baptist Church von Ralph Abernathy einen Gottesdienst angesetzt. 1200 Weiße und Schwarze füllten das Kirchenrund. Mehrere tausend Gegner umringten das Gebäude. Sie warfen die Glasfenster ein und drohten, das Gotteshaus niederzubrennen. King jr. rief Robert Kennedy an und berichtete, die 600 Nationalgardisten seien nicht in der Lage, die Situation zu kontrollieren und das Leben der Eingeschlossenen zu schützen. Nach dem Telefonat versuchte er durch den Haupteingang vor die feindliche Menge zu treten, um mit ihr zu sprechen und sie von ihrem Vorhaben abzubringen. Kaum daß er die Tür öffnete, verfehlte eine Tränengasbombe nur knapp seinen Kopf. Seine Freunde, darunter Ralph Abernathy, Fred C. Bennette, Andrew Young und Bernard Lee zogen ihn zurück.

Die ganze Nacht über hielt die Belagerung an. Während sich draußen der Rassenwahn in Beschimpfungen und Drohungen erging, faßten sich in der Kirche die Menschen an den Händen und sangen: «We shall overcome». «Endlich gelang es den verstärkten Nationalgarden, den Mob zu zerstreuen, und bei Tageslicht konnten die Leute heimgehen. Aber diese

Nationalgarde schützt die «Freedom-Riders», 1961

Nacht des Schreckens war sehr entmutigend, da sie die irrationale Grausamkeit des Rassismus enthüllte.»[68]

Die Freiheitsfahrten wurden in den folgenden Monaten fortgesetzt. Alfred Daniel King beteiligte sich an ihnen ebenso wie Stokely Carmichael, der 1961 gerade sein Studim aufnahm. Sie trugen den Gedanken der Rassenintegration von den großen Städten in die ländlichen Gebiete. Andrew J. Young, ein junger schwarzer Pfarrer, trat in das Leitungsgremium der SCLC ein. Die Sit-in-Bewegung dehnte sich bis zum 21. September 1961 auf zwanzig Staaten und mehr als hundert Städte aus. An ihren gewaltlosen «Besetzungen» nahmen über 70000 Schwarze und Weiße teil. 3600 Männer und Frauen ließen sich ins Gefängnis bringen und verbüßten eine zumeist ungerechte Bestrafung. 191 Studenten und 58 Professoren verloren ihren Studien- bzw. Arbeitsplatz an Colleges und Universitäten, weil sie sich beteiligten. Aber es gab Ende 1961 wesentlich weniger «weiße» Restaurants, «weiße» Kinos, «weiße» Bibliotheken, «weiße» Supermärkte.

Die Niederlage von Albany

Die südlich von Atlanta, Georgia, gelegene Stadt Albany mit ihren 50000 Einwohnern stand in dem Ruf, besonders rassistisch eingestellt zu sein. Eine Gruppe von schwarzen Bürgern, geleitet von dem Arzt William G.

Anderson, versuchte 1961 mit drei gemäßigten Forderungen die hier herrschenden gesetzwidrigen Zustände sichtbar zu machen: 1. Aufhebung der Rassenschranken in Bahnhöfen; 2. Bildung eines Komitees weißer und schwarzer Bürger; 3. Rücknahme der Anklage gegen Teilnehmer früherer Demonstrationen. Am 25. November nahmen fünf Schwarze im Restaurant des Busbahnhofs Platz, um zu essen. Polizei verhaftete sie. Am 10. Dezember wurden weitere Schwarze, darunter Bernard Lee, festgenommen, als sie auf dem Bahnhof demonstrierten. Dann rief Dr. Anderson Ralph Abernathy und King jr. um Hilfe an. Sie kamen. An der Spitze von 250 Demonstranten nahm die Polizei sie in Haft. Die Oberen der Stadt und der Busgesellschaft reagierten mit kleinen Zugeständnissen. Gegen King jr. und Ralph Abernathy aber ging die örtliche Justiz mit aller Härte vor. Am 27. Februar erhob sie Anklage wegen unerlaubten

King jr., Ralph Abernathy und William G. Anderson bei ihrer Verhaftung in Albany, Georgia, im Juli 1962

Demonstrierens. Das Urteil: 178 Dollar Strafe ersatzweise 45 Tage Zwangsarbeit. King und alle Mitangeklagten entschieden sich, die Haftstrafe anzunehmen. Aber wie schon in Montgomery am 5. September 1958 stellte ein «Unbekannter» die Kaution. Die Verurteilten konnten ihre Haftstrafe nicht antreten. Die publizistische Wirkung, die King jr. angestrebt hatte, blieb aus.

Es folgten weitere Verhaftungen. Schließlich liefen Verfahren gegen 700 Personen: Geistliche, Rabbis, Priester, Schwarze, Weiße, Protestanten, Juden, Katholiken. Der Druck aus der Öffentlichkeit lag hart auf den Instanzen. Da ereignete sich ein Zwischenfall, der die bisherigen Erfolge zunichte machte und die geplanten Aktionen der Bürgerrechtler in ein falsches Licht rückte. 2000 Jugendliche durchbrachen das Gebot der Gewaltlosigkeit. Sie griffen 170 Polizisten mit Flaschen und Knüppeln an. An diesem 24. Juli 1962 lief zum erstenmal eine von King jr. geleitete Kampagne aus dem Ruder. Erstmals konnte er seine tiefste Überzeugung – Gewaltlosigkeit – nicht auf alle Mitstreiter übertragen. Im nachhinein zeigte sich, daß die Vorbereitungszeit für die Kampagne von Albany zu kurz gewesen war. Die jungen Schwarzen von Albany hatten nicht gelernt, den Weg der Liebe zu gehen. Sie kannten für die Lösung von Problemen nur den Weg des Hasses. Er hatte ihr ganzes bisheriges Leben bestimmt. King rief zum «Tag der Reue» auf. Man hielt Gebetswachen ab auf den öffentlichen Plätzen, in Restaurants und Bahnhöfen. Dabei verhaftete die Polizei wiederum King jr. mit vielen anderen. Die Frauen der Betroffenen, darunter Juanita Abernathy, Jean Young, Coretta King, Norma Anderson und Dianne Nash Bevel, die stündlich ein Baby erwartete, unternahmen daraufhin einen Protestmarsch in der Hoffnung, ebenfalls festgenommen zu werden. Sie wollten den Konflikt dramatisieren und ihn so in das Bewußtsein der amerikanischen Öffentlichkeit rücken. Aber die Gerichte reagierten äußerst geschickt. Sie verfügten eine vorläufige Strafaussetzung für alle Angeklagten. Als diese sofort damit begannen, weitere Sit-ins, Kneel-ins (Knie-in = Aktionen, bei denen sich die Teilnehmer hinknien, um zu beten) zu planen, erreichte eine Verfügung des Bundesgerichts die Stadt Albany. Darin wurden alle Vorhaben der Bürgerrechtsbewegung verboten. King jr. rief Justizminister Robert Kennedy an. Dieser riet, zunächst nichts mehr zu unternehmen. Obwohl King wußte, daß zur Stunde die Bereitschaft der Schwarzen groß war, für ihre Rechte zu kämpfen, diese Bereitschaft aber sehr schnell nachlassen würde, wenn eine Pause einträte, gab er nach. «Später erkannte er, daß dies das Rückgrat der Albany-Bewegung gebrochen hatte, denn ohne Demonstrationen verloren die Anhänger der Bewegung den Schwung.»[69] King und seine Anhänger zogen aus den Vorfällen von Albany die Konsequenzen. Als sie im darauffolgenden Jahr 1963 in einer der größten Industriestädte des Südens Birmingham, Alabama, mit der Durchsetzung der Rassenintegration begannen, bestimmten ein klares Konzept, genaue Beobachtungen vor Ort und ein ausgearbeiteter Stufenplan die Handlungen.

Der Sieg von Birmingham –
April bis Mai 1963

Pfarrer Fred Shuttlesworth hatte schon im Mai 1962 vorgeschlagen, eine Kampagne in Birmingham durchzuführen. Wenn es gelänge, dort Fortschritte zu erzielen, mußte das eine Signalwirkung für den ganzen Süden der USA haben. Die Aufgabe war besonders schwer, weil große Teile der Bevölkerung auf strikter Segregation bestanden, darunter nicht wenige Schwarze, denen es in der reichen Industriemetropole wirtschaftlich gutging. Sie wußten, daß sich auf den Wirtschaftsablauf nichts störender auswirkte als Demonstrationen und Unruhen unter den Arbeitnehmern. Sie vergaßen darüber, wie sehr sie und andere rechtlich benachteiligt wurden.

Der Bürgermeister von Birmingham, Arthur Hanes, galt als Befürworter der Rassentrennung; sein Kommissar für öffentliche Sicherheit, Eugene «Bull» Connor, als überzeugter, rücksichtsloser Rassist. Die Gesamtlage verschlechterte sich für die Bürgerrechtsbewegung noch dadurch, daß George Wallace, der im November 1962 zum Gouverneur von Alabama gewählt worden war, mit dem Slogan «Rassentrennung für immer» gesiegt hatte. King sagte über Birmingham: *Im ganzen Land konnte man keinen Ort mit Birmingham vergleichen ... Birmingham war eine Stadt, in der die Menschenrechte so lange mit Füßen getreten worden waren, daß Angst und Unterdrückung ebenso schwelend in der Luft hingen wie der giftige Qualm der Fabriken. Ihre finanzielle Interessen waren hier mit einem Machtgefüge verbunden, das sich über den ganzen Süden erstreckte und bis in den Norden hinaufreichte.*[70]

In den Jahren von 1957 bis 1962 hatte es hier siebzehn Bombenattentate auf Kirchen und Häuser der Schwarzen gegeben, ohne daß die Polizei die Schuldigen fand. Rassisten hatten Schwarze ermordet und wurden nicht vor Gericht gezogen. *Alle Übel und Ungerechtigkeiten, die Neger erleiden können, sind hier in Birmingham versammelt*, äußerte King jr.[71]

Mit vier Forderungen wollte King jr. die Stadt konfrontieren: 1. Aufhebung der Rassentrennung für Erfrischungsräume, Toiletten, Anproberäume und Trinkfontänen in Waren- und Kaufhäusern; 2. Die Einstellung von Negern durch Geschäfts- und Industriebetriebe in Birmingham auf nichtdiskriminierende Weise; 3. Die Rückziehung aller Anklagen gegen inhaftierte Demonstranten; 4. Die Schaffung eines rassisch gemischten Ausschusses, der einen stufenweisen Abbau der Rassentrennung auf anderen Gebieten des Lebens in Birmingham ausarbeiten sollte. Im September 1962 entwarfen führende Mitglieder der SCLC einen Plan, den sie

Robert Kennedy

aus Geheimhaltungsgründen «Projekt C» nannten; C für Confrontation. Im März 1963 mieteten sie sich im Gaston Motel ein, Zimmer 30, inmitten des schwarzen Gettos. Schon vorher hatten Arbeitsgemeinschaften für gewaltlosen Widerstand begonnen, geeignete Demonstranten zu finden und auszubilden. *Jeder Freiwillige mußte eine Verpflichtung unterschreiben, die folgenden Wortlaut hatte: Ich verpflichte mich – meine Person und meinen Körper – der gewaltlosen Bewegung. Ich werde die folgenden 10 Gebote einhalten. 1. Jeden Tag über die Lehren und das Leben Jesu nachzudenken. 2. Nie zu vergessen, daß die gewaltlose Bewegung in Birmingham Gerechtigkeit und Versöhnung sucht, nicht den Sieg. 3. Im Geist der Liebe zu gehen und zu sprechen, denn Gott ist die Liebe. 4. Täglich zu Gott zu beten, daß er mich benutzen möge, allen Menschen zur Freiheit zu verhelfen. 5. Persönliche Wünsche zu opfern, um allen Menschen zur Freiheit zu verhelfen. 6. Im Umgang mit Freund und Feind die Regeln der Höflichkeit zu beachten. 7. Danach zu trachten, ständig anderen und der Welt zu dienen. 8. Mich der Gewalttätigkeit der Faust, der Zunge und des Herzens zu enthalten. 9. Mich zu bemühen, in geistiger und körperlicher*

Gesundheit zu leben. 10. Den Anweisungen der Bewegung und des Leiters der Demonstration zu folgen.[72]

Das war wohl der seltsamste Eid und die seltsamste «Armee», die es seit dem Protest von Dharsana gegeben hatte. Wie sich ihre «Führer» verstanden, verdeutlicht eine Äußerung von Fred Shuttlesworth, die er bei einer Versammlung von 75 einflußreichen Leuten, die Gelder für Kautionen bereitstellen sollten, in der New Yorker Wohnung von Harry Belafonte machte: «Man muß bereit sein zu sterben, bevor man wirklich zu leben beginnt.»[73]

Noch im Januar 1963 baten Abernathy, Shuttlesworth und King jr. Präsident Kennedy und Justizminister Robert Kennedy eindringlich, aber vergeblich, die Bürgerrechtsgesetzgebung voranzutreiben.

Die Proteste in Birmingham begannen am 3. April 1963. Nur wenige Tage zuvor, am 28. März, war King jr. zum viertenmal Vater geworden. Kaum daß er seine Tochter Bernice Albertine gesehen hatte, kehrte er zurück.

Die Kings mit den Kindern Yoki, Bunny, Dexter und Marty im Dezember 1963

Bis zum 5. April nahm «Bull» Connor 35 Personen fest. Am 6. April kamen 45 Personen hinzu. Täglich folgten Demonstrationen, täglich Verhaftungen. Die Gefängnisse füllten sich. Mit seinem ausgeprägten Sinn für symbolische Handlungen hatte King den 12. April, den Karfreitag dieses Jahres, ausgewählt, sich selbst festnehmen zu lassen. *Vier- bis fünfhundert Menschen waren ins Gefängnis gegangen; einige waren gegen Kaution freigelassen worden, aber dreihundert blieben eingesperrt. Nun, da die Aufgabe, die Neger zu einigen, erfüllt war, war meine Zeit gekommen. Wir beschlossen, daß Ralph Abernathy und ich am Karfreitag, wegen der symbolischen Bedeutung dieses Tages, unsere Körper als Blutzeugen in diesem Kreuzzug darbieten würden. Kurz nachdem wir unsere Absicht verkündet hatten, am 12. April eine Demonstration zu leiten und uns festnehmen zu lassen, bekamen wir eine Nachricht, die so niederschmetternd war, daß sie unsere ganze Bewegung in Gefahr brachte. Am späten Donnerstagabend teilte uns der Bürge, der bisher immer Kautionen für die Demonstranten gestellt hatte, mit, daß es ihm unmöglich sei, uns weiterhin zu helfen, denn*

die Stadt hatte ihn wissen lassen, daß seine finanziellen Mittel nicht ausreichen würden. Dies war offenbar eine weitere Maßnahme von seiten der Stadt, um unserer Bewegung zu schaden. Das war ein ernster Schlag. Wir hatten alles Geld verbraucht, das wir für Bar-Kautionen zur Verfügung gehabt hatten. Unsere Leute, für die wir moralisch verantwortlich waren, saßen im Gefängnis. Fünfzig weitere sollten mit Ralph und mir gehen. Das wäre die größte Einzelgruppe, die bis dahin festgenommen war. Aber wie konnten wir ohne die Möglichkeit, Kautionen aufzubringen, ihre Freilassung garantieren? Am Morgen des Karfreitags saß ich mit 24 wichtigen Persönlichkeiten im Zimmer 30 des Gaston Motel und besprach mit ihnen die Lage. Während wir sprachen, breitete sich ein Hauch von Verzweiflung im Zimmer aus. Ich blickte um mich und sah, daß zum erstenmal unsere entschlossensten und überzeugtesten Führer von einem Gefühl der Hoffnungslosigkeit überwältigt waren. Keiner wußte, was er sagen sollte, denn keiner wußte, was zu tun war. Endlich ergriff einer das Wort, und als er sprach, konnte ich sehen, daß er ausdrückte, was jeder dachte. Er sagte zu mir: «Martin, das heißt, daß du nicht ins Gefängnis gehen kannst. Wir brauchen sehr viel Geld. Und zwar brauchen wir es jetzt. Du bist der einzige, der die nötigen Verbindungen hat, um es aufzutreiben. Wenn du im Gefängnis bist, sind wir verloren, und die Schlacht von Birmingham ist mit verloren.» Ich saß da und fühlte die Blicke von 24 Menschen auf mich gerichtet. Ich dachte an die Menschen im Gefängnis, ich dachte an die Neger von Birmingham, die schon die Straßen der Stadt säumten und darauf warteten, daß ich in die Tat umsetzte, was ich so leidenschaftlich gepredigt hatte. Wie konnte man den Gemeindemitgliedern nun erklären, daß ich mich der Festnahme entzog? Wie würde das Land über einen Mann urteilen, der Hunderte ermutigt hatte, ein ungeheures Opfer zu bringen, und der sich dann drückte? [74] King jr. zog sich in ein anderes Zimmer zurück. *Ich dachte an die dreihundert, die im Gefängnis warteten ... Dann schwang sich mein Geist über das Gaston Motel, über das Staatsgefängnis, über die Grenzen der Stadt und des Staates hinaus, und ich dachte an zwanzig Millionen schwarzer Menschen, die davon träumten, daß es ihnen eines Tages möglich sein werde, das Rote Meer der Ungerechtigkeit zu überqueren und ihren Weg in das gelobte Land der Rassengleichheit und der Freiheit zu finden. Ich konnte nicht länger zweifeln.* [75] Er zog seinen Anzug aus und seine «Arbeitskleider», Bluejeans und Hemd, an. Er ging ins Zimmer zu den Wartenden zurück und sagte: *Ich weiß nicht, was geschehen wird, ich weiß nicht, woher das Geld kommen wird. Aber ich muß mich durch die Tat zu meinem Glauben bekennen.* [76] Dann bat er Ralph Abernathy, mit ihm zu gehen. Der antwortete: «Ich war immer mit dir im Gefängnis, Martin, und ich kann dich nun nicht im Stich lassen.» [77] Die Anwesenden gaben sich die Hände und sangen: «We shall overcome». Dann fuhren sie zur Zion Hill Church. Dort sollte der Demonstrationszug beginnen. King jr. sprach noch einmal davon, wie fest er davon überzeugt sei, daß unverdientes Leiden eine erlösende Kraft besitze und den Anfang setzt für eine Entwicklung zu mehr Liebe, mehr Verständnis, mehr Hoffnung. *Nach dem Verlassen ... der Kirche gingen wir die «verbotenen» Straßen hinab, die zum Innenbezirk*

«Bull» Connor

der Stadt führen. Es war ein wundervoller Marsch. Man erlaubte uns, weiter zu gehen, als es die Polizei je zuvor gestattet hatte. Wir gingen sieben oder acht Häuserreihen entlang. Alle Straßen waren von Negern gesäumt. Wir sangen, und sie stimmten ein. Gelegentlich vermischte sich der Gesang auf den Gehsteigen mit tosendem Beifall. Als wir uns der Innenstadt näherten, befahl Connor seinen Männern, uns festzunehmen. Ralph und ich wurden von zwei muskulösen Polizisten abgeschleppt, die uns am Rücken unserer Hemden packten. Alle anderen Demonstranten wurden sofort festgenommen. Im Gefängnis wurden Ralph und ich erst von allen anderen, dann auch voneinander getrennt. Mehr als 24 Stunden wurde ich in Einzelhaft gehalten, ohne Möglichkeit, mit der Außenwelt in Verbindung zu treten. Niemand, nicht einmal meine Rechtsanwälte, durften mich besuchen. Diese Stunden waren die längsten, zermürbendsten und verwirrendsten meines Lebens.[78]

Im Gefängnis, 1962

King jr. durfte nicht, wie er es sonst immer tat, wenn er inhaftiert war, seine Frau benachrichtigen. Als Coretta King am Ostermontag, also nach vier Tagen, kein Lebenszeichen von ihm erhalten hatte, rief sie den Präsidenten an. J. F. Kennedy besuchte gerade seinen erkrankten Vater. Aber Robert Kennedy sicherte zu, er werde alles tun, was möglich sei. Später rief der Präsident zurück und versprach, sofort tätig zu werden. Der Erfolg blieb nicht aus. Kurz darauf konnte King mit seiner Frau telefonieren.

Auch Alfred Daniel King saß inzwischen im Gefängnis. Er war am Ostersonntag mit Gottesdienstbesuchern zur Mauer des Gefängnisses gezogen, hinter der sein Bruder festgehalten wurde. Während er das Gebet für die einsitzenden Demonstranten sprach, griff die Polizei zu. King jr. blieb acht Tage im Gefängnis. Nachdem der Präsident sich für ihn eingesetzt hatte, wurde die Einzelhaft aufgehoben. Er wurde aus seiner Zelle geführt, höflich behandelt. Er durfte sich sogar duschen und erhielt eine Matratze und ein Kissen.

Er schrieb in dieser Zeit an acht weiße Geistliche den berühmt gewordenen «Brief aus dem Gefängnis in Birmingham». Sie hatten ihn angegriffen und ihm zur «Mäßigung» geraten, wobei sie ihm den Vorwurf machten, er sei ein «Extremist». Nun antwortete er ihnen auf Zeitungsrändern, Toilettenpapier und benutzten Briefumschlägen. Briefpapier konnte er nicht bekommen. Es gelang, die Bruchstücke aus dem Gefängnis zu schmuggeln. Als King jr. am 20. April das Gefängnis verließ, kursierten fast eine Million Exemplare des Briefs in den USA. King sprach die acht Geistlichen als Amtsbrüder an und erklärte ihnen, warum er in Birmingham sei: *Fast bin ich zu dem betrüblichen Schluß gezwungen worden, daß das große Hindernis für den Neger auf seinem Weg zur Freiheit nicht aus Männern der weißen Bürgerräte oder des Ku-Klux-Klan besteht, und es scheint, daß der «gemäßigte» Weiße der Idee der «Ordnung» größere Verehrung entgegenbringt als der Gerechtigkeit...* Dann fuhr King jr. fort: *Sie haben unsere Tätigkeit in Birmingham als «extrem» bezeichnet... War nicht Jesus ein Extremist der Liebe, als er forderte: «Liebe Deine Feinde, segne die, so Dir fluchen, erweise Gutes denen, so Dich mißachten und verfolgen.» War nicht Amos ein Extremist der Gerechtigkeit, als er ausrief: «Lasset Gerechtigkeit fließen wie die Gewässer und lasset unser Tun münden in dem ewigen Strom der Gerechtigkeit.» War nicht Paulus ein Extremist für das Evangelium Christi, als er ausrief: «Auf meinem Körper trage ich Zeichen unseres Herrn Jesus.» War nicht Martin Luther ein Extremist, als er erklärte: «Hier stehe ich – ich kann nicht anders.» Und John Bunyan: «Ich werde lieber bis zum Ende meiner Tage im Kerker ausharren, als mein Gewissen aufopfern.» Oder Abraham Lincoln: «Dieses Volk kann nicht bestehen bleiben, halb versklavt und halb frei.» Und Thomas Jefferson: «Wir haben die Wahrheiten offenkundig erkannt, daß alle Menschen gleich sind vom Augenblick ihrer Erschaffung an...» Es ist nicht die Frage, ob wir Extremisten sein wollen, sondern vielmehr, Extremisten welcher Art wir sein wollen. Wollen wir Extremisten für den Haß oder für die Liebe sein? Werden wir Extremisten für die Fortdauer der Ungerechtigkeit oder für die Ausweitung der Gerechtigkeit sein? ... Vielleicht bin ich zu optimistisch und vielleicht erwarte ich zuviel. Vermutlich hätte ich mir bewußt werden sollen, daß nur wenige der unterdrückenden Rasse viel Verständnis aufzubringen vermögen für das tiefe Stöhnen und die leidenschaftliche Sehnsucht der unterdrückten Rasse; noch viel kleiner ist die Zahl derer, die klar erkennen, daß die Ungerechtigkeit durch kraftvolles, konsequentes und entschlossenes Handeln ausgerottet werden muß. Aber ich bin dankbar, daß einige unserer weißen Brüder das Wesen dieser gesellschaftlichen Umwälzung erkannt und sich ihr verschrieben haben ... Sie schmachteten in verdreckten und von Ungeziefer verseuchten Gefängnissen, wo sie die Schmähungen und Mißhandlungen von Polizisten erdulden mußten, welche sie als «schmutzige Negerliebhaber» (dirty nigger-lovers) betrachten. Ganz im Gegensatz zu ihren gemäßigten Brüdern und Schwestern haben sie die Dringlichkeit der Stunde erfaßt ... Als ich so plötzlich vor ein paar Jahren in die führende Rolle bei dem Autobus-Protest in Montgomery im Staate Alabama katapultiert wurde, da erwartete ich, daß die weißen Kirchen uns unterstützen würden. Ich meinte, daß die weißen Pfarrer, Geistlichen und Rabbiner im Süden zu unseren stärksten Genossen und Gefährten zählen würden. Statt dessen gab es unter ihnen einige, die sich ausgesprochen gegen uns stellten, die es ablehnten, der Freiheitsbewegung Verständnis entgegenzubringen, und die sogar ihre Führerschaft verleumdeten. Allzu groß war die Zahl der Geistlichen, die sich mehr in einem vorsichtigen Schweigen als in einer mutvollen Stellungnahme gefielen: sie verharrten still und lautlos hinter der betäubenden Sicherheit ihrer bunten Glasfenster ... ich mußte mitansehen, wie ... viele Kirchen ... in der absonderlichsten, höchst unbiblischen Art und Weise glauben, zwischen dem Körper und seiner Seele, dem Heiligen und dem Weltlichen unterscheiden zu dürfen ... Ja, diese Fragen bewegen mich wahrlich noch immer. In grenzenloser Enttäuschung habe ich über die Trägheit der Kirche geweint ... Ja, wahrlich, ich liebe die Kirche. Wie könnte es auch anders sein? Ich bin einer der wenigen, die Sohn, Enkel und Urenkel von Geistlichen sind. Ja, ich sehe in der Kirche den Körper Christi. Aber ach, wie haben wir diesen Körper aus sozialer Verantwortungslosigkeit und aus Angst heraus, man könnte uns als Nonkonformisten betrachten, geschändet und verunstaltet! ... Aber mehr denn je steht die Kirche vor dem Richterstuhl Gottes. Wenn unsere heutige Kirche nicht aufs neue den Opfergeist der Frühkirche zurückerobert, dann wird sie ohne Glaubhaftigkeit dastehen und die treue Anhänglichkeit von Millionen Gläubigen verlieren und bald als ein unmaßgeblicher Gesellschaftsklub abgeschrieben werden, der im 20. Jahrhundert nichts mehr zu melden hat. Tagtäglich treffe ich junge Menschen, deren Enttäuschung über die Kirche in offenem Widerwillen gipfelt. Vielleicht bin ich wieder einmal zu optimistisch gewesen. Vielleicht ist die organisierte Religion zu unlösbar mit dem Status quo verbunden, als daß sie noch fähig wäre, unser Volk und die Welt zu erretten? ... Aber immer wieder werde ich Gott dafür danken, daß einige edle Seelen der Kirchenführung die lähmenden Fesseln der Konformität abstreifen*

King jr., Ralph Abernathy und Wyatt Tee Walker

und sich im Kampf für die Freiheit zu uns gesellt haben. Sie haben die Sicherheit ihrer Gemeinden aufgegeben und schreiten mit uns durch die Straßen von Albany im Staate Georgia. Sie haben sich mit uns an unseren qualvollen «Freiheits-Fahrten» auf den Straßen des Südens beteiligt. Ja, sie ließen sich sogar mit uns einsperren. Einige sind von ihren Gemeinden verlassen worden und haben die Unterstützung seitens ihrer Bischöfe und ihrer geistigen Kollegen eingebüßt. Aber sie handelten in dem Glauben, daß das besiegte Recht doch stärker ist als das triumphierende Übel. Ihre Zeugenschaft hat den wahren Geist des Evangeliums in diesen aufgewühlten Zeiten bewahrt. Ich hoffe, daß die Kirche als Ganzes angesichts der Herausforderung dieser Entscheidungsstunde ihren Mann stehen und sich bewähren wird. Aber selbst wenn sich die Kirche nicht auf die Seite der Gerechtigkeit stellen sollte, werde ich an der Zukunft nicht verzweifeln. Ich hege keinerlei Befürchtungen über den endgültigen Erfolg unseres Kampfes in Birmingham, selbst wenn unsere Beweggründe gegenwärtig noch mißverstanden werden. Wir werden das Ziel, das Freiheit heißt, in Birmingham und allerorts erreichen, denn das Ziel Amerikas ist eben die Freiheit. Wenn wir auch heute noch verachtet werden, so ist doch unser Schicksal unlösbar mit dem Amerikas verbunden ... Wollen wir hoffen, daß die dunklen Wolken rassischen Vorurteils sich bald auflösen lassen und der dichte Nebel des Mißverstehens sich von unseren furchtge-

schwängerten Städten und Gemeinden erheben wird. Und daß in naher Zukunft die glänzenden Sterne der Liebe und der Brüderlichkeit in ihrer hinreißenden Schönheit über unserer Nation erstrahlen werden.[79]

Harry Belafonte gelang es, 50000 Dollar für Kautionen zu beschaffen. King jr. und Ralph Abernathy erklärten sich bereit, das Gefängnis zu verlassen. Sie waren für den weiteren Fortgang der Bewegung unentbehrlich. Sofort riefen sie die Mitarbeiter zusammen. Am Abend des 20. April entschloß man sich zu einem außergewöhnlichen Schritt. Die schwarzen Schulkinder Birminghams sollten in den Kampf miteinbezogen werden. Andrew Young, Bernard Lee und andere besuchten sämtliche Schulen und unterwiesen Tausende in der Lehre und der Methode der Gewaltlosigkeit. So vorbereitet und von jugendlicher Begeisterungsfähigkeit getragen, nahte der Tag der Entscheidung, «D-Day» genannt, in Erinne-

rung an den Tag, an welchem sich mit der Landung der alliierten Truppen in der Normandie der Zweite Weltkrieg entschied. Am Donnerstag, dem 2. Mai, zogen die ersten Kinder-Demonstrationszüge nach einem Gottesdienst in der Sixteenth Street Baptist Church, den King hielt, in die Innenstadt und sangen das Lied «We shall overcome». 959 Kinder ließ «Bull» Connor verhaften und in die Gefängnisse bringen. *Ein eindrucksvolles Beispiel gab ein knapp acht Jahre altes Mädchen ... Ein Polizist beugte sich belustigt zu ihr herab und fragte mit vorgetäuschter Strenge: «Was willst du?» Das Kind blickte ihm unerschrocken in die Augen und sagte «Freiheit». Es konnte die Worte noch nicht richtig aussprechen, aber selbst die Trompete eines Erzengels hätte nicht klarer ertönen können.*[80]

Am 3. Mai hetzte «Bull» Connor Hunde auf weitere tausend Kinder und setzte auch Wasserwerfer gegen sie ein. «Die Wucht des Wassers warf

Farbige Jugendliche und Polizei in Birmingham, 1963

die Kinder flach zu Boden, riß ihnen die Kleider vom Leib.»[81] Die Bilder dieser Vorgänge wurden vom Fernsehen in jede Wohnung getragen. Präsident Kennedy soll damals gesagt haben: «Bull Connor ist der beste Verbündete, den die Bürgerrechtsbewegung je hatte.»[82] Als Pfarrer Billups am Nachmittag des 5. Mai, einem Sonntag, eine Gruppe Erwachsener gegen die Polizeikräfte führte, knieten die Schwarzen nieder und begannen zu beten. Mit Hinweis auf amtliche Verordnungen, nach denen nichtgenehmigte Versammlungen im Freien verboten seien, ordnete «Bull» Connor an, den Marsch zu beenden. Pfarrer Billups widersprach: Dies sei keine Demonstration, sondern ein Gebetsgottesdienst für die inhaftierten Bürgerrechtler im nahen Staatsgefängnis. «Bull» Connor solle nur weiterhin Gewalt anwenden, wie er es ja schon gegen Kinder getan habe. Dann riefen einige Schwarze den Polizisten zu: «Dreht das Wasser auf! Laßt die Hunde los! Wir kehren nicht um. Vergib ihnen, o Herr.»[83]

Was in den nächsten dreißig Sekunden geschah, gehört zu den phantastischsten Ereignissen von Birmingham. «Bull» Connors Leute standen den Marschierern gegenüber, die mörderischen Schläuche zum Einsatz bereit... Langsam erhoben sich die Neger und begannen, vorwärts zu gehen. Connors Leute wichen wie gebannt zurück, die Schläuche hingen schlapp in ihren Händen, während Hunderte von Negern vorbeizogen und ungehindert ihre geplante Gebetsversammlung abhielten.[84] «Der moralische Druck der Öffentlichkeit und die innere Kraft dieser kleinen Schar Schwarzer brach ihre Disziplin – entwaffnete sie.»[85]

Dem ersten sichtbaren Erfolg des Stufenplans der SCLC folgten wei-

Die Polizei setzt Wasserwerfer ein. Birmingham, 1963

tere. Gleich in der folgenden Woche kam es zu Verhandlungen. Justizminister Robert Kennedy hatte zu diesem Zweck einen hohen Beamten seines Hauses, Burke Marshall, nach Birmingham gesandt. Währenddessen lief der Kinderkreuzzug weiter. Jeden Tag gab es Verhaftungen. Schließlich waren so viele festgenommen, daß die Stadt sie nicht mehr unterbringen konnte.

Doch obwohl sich die Washingtoner Bundesregierung verstärkt einsetzte und die informierte Öffentlichkeit der ganzen Nation in «Bull» Connor so etwas wie die «Inkarnation des Bösen» erblickte, gab dieser nicht auf. Er verstärkte seine Polizei durch einen Panzerwagen. Als er bei einer Demonstration die Wasserwerfer so scharf einstellen ließ, daß ihr Strahl die Rinde von den Bäumen riß, erlitt Fred Shuttlesworth ernsthaftere Verletzungen. Er prallte gegen eine Hausmauer und mußte ins Krankenhaus gebracht werden. Connors Kommentar: «Mir wäre es lieber gewesen, ein Leichenwagen hätte ihn geholt.»[86]

Unter dem Eindruck des bisherigen Geschehens, des Wandels der öffentlichen Meinung und der Unerschrockenheit der Schwarzen lenkten Stadtrat und weiße Bürgerkomitees ein. Als Präsident Kennedy auf einer Pressekonferenz die Hoffnung aussprach, es werde mit der Absicht, konkrete Ergebnisse zu erzielen, verhandelt, gelang am 10. Mai 1963 eine Übereinkunft in vier Punkten: *1. Aufhebung der Rassentrennung für Erfrischungsräume, Toiletten und Anproberäume sowie Trinkfontänen, und zwar in geplanten Etappen innerhalb von 90 Tagen nach Unterzeichnung. 2. Beförderung und Einstellung von Negern auf nicht diskriminierender Basis in der gesamten Industrie von Birmingham, einschließlich der Anstellung als Angestellte und Verkäufer, und zwar innerhalb von 60 Tagen nach Unterzeichnung. Außerdem die Ernennung eines Ausschusses, der aus führenden Vertretern von Handel, Industrie und freien Berufen bestehen sollte, zur Durchführung eines für den ganzen Bezirk gültigen Programms ... Einstellung von Negern in Berufszweigen, die ihnen bisher verschlossen gewesen waren. 3. Offizielle Zusammenarbeit mit den Rechtsvertretern der Bürgerrechtsbewegung mit dem Ziel, alle inhaftierten Personen gegen Bürgschaft oder eigene Kautionsleistung freizulassen. 4. Anknüpfung öffentlicher Verbindungen innerhalb von zwei Wochen nach Unterzeichnung zwischen Negern und Weißen durch das «Senior Citizens Committee» oder die Handelskammer, um zu verhüten, daß weitere Demonstrationen oder Proteste notwendig werden.*[87]

Dieser «Friedensplan» deckte sich weitgehend mit den Forderungen Kings und seiner Mitarbeiter. Während das Fernsehen, die in- und ausländische Presse und der Rundfunk die Einigung von Freitag, 10. Mai, verbreiteten, traf eine Bombe des Ku-Klux-Klan am 11. Mai das Haus von A. D. King. Kurz zuvor hatte der Ku-Klux-Klan eine Veranstaltung abgehalten, bei der Sprecher äußerten, King und Kennedy seien schlimmer als Castro. Als die Mitglieder sich trennten, um nach Hause zu fahren, wünschte ein Sprecher eine gute Reise und fügte hinzu: «Fahrt vorsichtig, aber fahrt über jeden Nigger, den ihr erwischt.»[88]

Wie damals am 30. Januar 1956, als ein Anschlag auf das Haus von King jr. verübt wurde, versammelte sich auch diesmal eine große Menge enttäuschter und verbitterter Schwarzer. A. D. King beschwor sie, den Weg der Gewaltlosigkeit nicht zu verlassen. Aber diesmal brach der Haß durch. *Steine flogen gegen die Polizei, Autos wurden umgestürzt und Feuer gelegt. Derjenige, der die Bombe gelegt hatte, hatte gewollt, daß die Neger Tumulte anzettelten. Der Friedenspakt sollte mit allen Mitteln zunichte gemacht werden. Die Staatspolizei von Gouverneur George Wallace und «Ordnungsmänner»* (Conservationmen) *riegelten das Negerviertel ab und drangen mit ihren Hunden und Pistolen vor. Zahlreiche unschuldige Neger wurden zusammengeschlagen ... nie werde ich das Telefongespräch vergessen, das ich von Atlanta aus mit meinem Bruder führte ... Plötzlich, während wir sprachen, hörte ich im Hintergrund ein Anschwellen von herrlichem Gesang. Mitten in Schutt und Asche, bedroht von Verbrechen, Gewalt und Haß, sangen die Anhänger der Bewegung «We shall overcome» ... Am nächsten Abend machte der Präsident der Nation mit Erregung und Eindringlichkeit klar, daß die Bundesregierung nicht zulassen werde, daß Extremisten ein anständiges und gerechtes Abkommen sabotierten. Er entsandte 3000 Soldaten in die Nähe von Birmingham und traf Vorbereitungen, um die Nationalgarde von Alabama unter Bundeskommando zu stellen. Dieses entschlossene Eingreifen gebot den Unruhestiftern Einhalt ...* Bald darauf *wurden Eugene «Bull» Connor und seine Kollegen durch eine Entscheidung des Obersten Gerichtshofs des Staates Alabama für immer aus dem Amt entfernt.*[89]

King jr. bewertete die Übereinkunft von Birmingham als den Höhepunkt eines langen Kampfes um Gerechtigkeit, Freiheit und Menschenwürde. *Das goldene Zeitalter war noch nicht angebrochen, aber Birmingham tat einen frischen, kühnen Schritt der Freiheit entgegen.*[90]

Bilanz eines Sommers –
Die Gewaltlosigkeit demaskiert die Gewalt

In den folgenden Monaten forderten erneute Unruhen, Ausbrüche, genährt von Haß, Angst, Unwissenheit und tiefverwurzelten Vorurteilen, ihre unschuldigen Opfer. *Das verhaltene Schluchzen eines unterdrückten Volkes war jahrhundertelang von Millionen weißer Amerikaner nicht vernommen worden ... Plötzlich ... wurde das Schweigen gebrochen. Aus der Klage wurde ein Ruf und dann ein lauter Schrei ... Die weißen Amerikaner sahen sich gezwungen, den abscheulichen Fakten des Lebens ins Auge zu schauen...*[91]

Auf den Stufen seines Hauses in Jackson, Mississippi, wurde der siebenunddreißigjährige Medgar Evers, Geschäftsführer der NAACP, am 12. Juni 1963 erschossen. Als der zu Tode getroffene Evers seinen Sohn sah, stöhnte er: «Hilf mir, mein Sohn, hilf mir.» Eine Stunde später starb er. Er wurde auf dem Heldenfriedhof von Arlington beigesetzt, nahe den späteren Gräbern von John F. Kennedy und Robert Kennedy. Evers hatte im Zweiten Weltkrieg gegen den Rassenwahn Hitlers gekämpft. Nun erlag er ihm im eigenen Lande.

Im September erschossen Rassisten den schwarzen ehemaligen Postboten William Moore in Alabama, der einen «Ein-Mann-Freiheitsmarsch» durchführte, ein harmloser Idealist und ein mutiger Mann. Eine Kugel aus dem Hinterhalt tötete ihn.

In der Sonntagsschule der Sixteenth Avenue Baptist Church von Pfarrer Cross in Birmingham detonierte am 15. September eine Bombe und zerfetzte vier kleine schwarze Mädchen, 21 weitere Kinder wurden verletzt. Geradezu unglaublich klang eine Stellungnahme, die ein Sprecher des Ku-Klux-Klan zu dem Ereignis abgab.

«Meine Freunde, ich möchte euch einiges aus der Geschichte, der glorreichen Geschichte des Klan vermitteln. Der Klan wurde aus Blutvergießen geboren, aus dem echten Bedürfnis, den weißen Mann des Südens zu beschützen ... Er organisierte sich ... stand auf, um seine Ehre und seine Interessen zu verteidigen. Und ich sage euch heute eins: Die Juden, die Nigger und die ganzen übrigen Farbigen fürchten sich vor sonst gar nichts, aber sie fürchten sich vor dem Klan ...

Jetzt sagen manche von euch: ‹Aber Jesus war Jude.› Gerade das kann euch zeigen, wie diese Baumwollpflücker, diese blöden Prediger euch zum Narren gehalten haben. Jesus war kein Jude, er war ein Weißer. Ich spreche für Gott, und ihr solltet lieber auf das hören, was ich sage ... Es ist noch nicht lange her, da kam ein Mann vom FBI – ihr wißt doch, was das ist, das Federal Bureau of Integration – zu mir, um sich mit mir zu unterhalten ... ‹Sie sind doch nicht wirklich für Gewaltaktionen?› Und ich sagte: ‹Reden Sie keinen Mist. Die Nigger haben überall Gott und seinem Willen den Krieg erklärt und auch den Kindern Gottes, den Weißen.› Sie sagten zu mir: ‹Wissen Sie, wer die Kirche in Birmingham bombardiert hat?› Und ich sagte: ‹Nein und selbst wenn ich's wüßte, würde ich's Ihnen nicht verraten.›

Aber ich sage euch heute abend hier eines: Wenn sie diese Burschen finden können, sollten sie ihnen Orden an die Brust heften. Jemand hat gesagt: ‹Ist es nicht eine Schande, daß die kleinen Kinder getötet wurden? Die haben ja keine Ahnung, wovon sie reden. Zuerst mal sind sie nicht klein. Sie sind vierzehn oder fünfzehn Jahre alt – alt genug, um geschlechtskrank zu sein. Es würde mich gar nicht wundern, wenn nicht alle eine oder mehrere Geschlechtskrankheiten gehabt haben. Zweitens waren es keine Kinder. Kinder sind kleine Leute, kleine Menschen, und das heißt weiße Menschen. Es gibt kleine Affen. Es gibt kleine Hunde und Katzen und Paviane und Stinktiere, und es gibt auch kleine Nigger. Sie sind eben kleine Nigger. Und drittens war es keine Schande, daß sie getötet wurden.

Warum nicht? Wenn ich losgehe, um Klapperschlangen zu töten, mache ich ja auch keinen Unterschied zwischen kleinen und großen Klapper-

Opfer des Bombenattentats auf die Baptist Church in Birmingham, 15. September 1963

schlangen. Ich weiß doch, es liegt in der Natur aller Klapperschlangen, daß sie meine Feinde sind und mich vergiften wollen, wenn sie können. Deshalb bringe ich sie alle um, und wenn es heute abend vier Nigger weniger gibt, dann sagte ich: ‹Herzlichen Glückwunsch für den, der die Bombe geworfen hat, wer's auch gewesen ist! Es ist für uns alle besser so.›»[92]

Am Nachmittag desselben 15. September schlug der sechzehnjährige schwarze Johnny Robinson, aufgewühlt von dem, was geschehen war, innerlich zerrissen von Trauer und Verzweiflung, auf einen Polizisten ein. Dieser zog seine Dienstpistole und erschoß ihn. Ebenfalls an diesem Nachmittag erschossen zwei weiße Jugendliche den dreizehnjährigen Virgil Ware: Der sechste Mord innerhalb weniger Stunden. Wie ein Hohn auf die Gerechtigkeit muteten die Urteile an, die später ergingen: Die beiden Jugendlichen erhielten sieben Monate Haft, ausgesetzt auf Bewährung. Die Bombenattentäter verurteilte ein Gericht nicht wegen Mordes, sondern wegen unerlaubten Sprengstoffbesitzes. Sie erhielten sechs Monate Gefängnis und 100 Dollar Geldstrafe. Gegen Kaution erfolgte ihre Freilassung. Kein weißer Behördenvertreter erschien zur Beerdigung der vier Mädchen. King jr. hielt die Traueransprache: *Sie starben nicht umsonst. Gott versteht es, selbst dem Bösen Gutes abzugewinnen. Die Geschichte hat es immer und immer wieder bewiesen, daß unverdientes Leid erlösend ist. Das unschuldige Blut dieser kleinen Mädchen mag sehr wohl zur erlösenden Kraft werden, die neues Licht in diese dunkle Stadt bringt.*»[93] Später schrieb King jr.: *An jenem Tage trug man nicht nur die jungen Neger zu Grabe, sondern auch die letzten Reste von Ehre und Anstand.*[94] James

Medgar Evers

James Baldwin

Baldwin rief angesichts der erschütternden Ereignisse dazu auf, die Schwarzen Amerikas sollten sich weigern, Weihnachten zu feiern, «denn Amerika hat das Recht verloren, sich hinter christlichen Ritualen zu verstecken»[95].

Das weiße Birmingham hielt sich nur zögernd an die getroffenen Absprachen, verschleppte sie aber und legte sie so eng als möglich aus. Trotzdem urteilte King jr.: *... eine Bewegung, die Menschen und Institutionen zu verändern vermag, ist eine echte Revolution. Der Sommer 1963 brachte eine echte Revolution, denn er veränderte das Antlitz Amerikas. Die Freiheit erwies sich als ansteckend ... als der Höhepunkt erreicht war, waren Tausende von Imbißstuben, Hotels, Parks und anderen öffentlichen Einrichtungen integriert ... Die Industrie suchte erstmals den gutgeschulten Neger.*[96] Die Zahl der örtlichen Gruppen, die sich zur gewaltlosen Durchsetzung der Rassenintegration zusammenschlossen, stieg von 85 auf 100.

Stationen

Der Marsch auf Washington – Geburtsstunde eines Traums

In der Folge der Ereignisse von Birmingham brachte Präsident Kennedy im Kongreß eine neue Bürgerrechtsgesetzgebung ein, die Verbesserungen der sozialen, beruflichen und rechtlichen Stellung der Schwarzen festschreiben sollte. Die Erörterung und Annahme durch das Repräsentantenhaus und den Senat, den beiden Institutionen der Legislative, zogen sich hin. King reiste in diesen Wochen als Redner durch die USA. Er sprach in Los Angeles vor 25 000 Menschen, in Detroit vor fast 200 000. Der schwarze Politiker A. Philip Randolph schlug vor, einen «Marsch für Arbeit und Freiheit» nach Washington durchzuführen. *Washington ist eine Stadt, in der sich große Dramen abspielen. Alle vier Jahre ziehen die Feierlichkeiten bei der Vereidigung des Präsidenten die Großen und Mächtigen an. Könige und Ministerpräsidenten, Helden und Berühmtheiten aller Art sind dort im Laufe von mehr als 150 Jahren gefeiert worden. Aber nie während seiner schillernden und farbenprächtigen Geschichte hat Washington je ein Schauspiel erlebt, das es an Größe und Glanz mit dem aufnehmen konnte, das dort am 28. August 1963 über die Bühne ging. Unter den über 250 000 Menschen, die an diesem Tag in unsere Hauptstadt zogen, befanden sich viele Würdenträger und Prominente; indes, Quelle der größten Erschütterung war doch die Menge der einfachen Leute, die da in majestätischer Würde standen, um Zeugnis für ihre einhellige Entschlossenheit abzulegen, wahre Demokratie hier und heute zu erringen ... Die unübersehbare Menge war nichts anderes als das lebendige schlagende Herz einer durch und durch edlen Bewegung. Das war eine Armee ohne Geschütze, aber nicht ohne Kraft. Das war ein Heer, zu dem keiner unter Zwang eingezogen worden war. Da marschierten Weiße und Neger, Menschen jeden Alters miteinander ... Es war eine kämpferische Armee, und doch konnte keiner übersehen, daß ihre mächtigste Waffe die Liebe war.* [97]

Der «Marsch auf Washington» sollte den Nachweis führen, daß die schwarze Bevölkerung Amerikas bereit und fähig war, ihre Anliegen gewaltlos vorzubringen. Die negativen, durch Vorurteile belasteten Klischees sollten korrigiert werden. Zum anderen mußte dem Gesetzesvorhaben von Präsident Kennedy Nachdruck verliehen werden. Unter den mehr als eine Viertelmillion Menschen befanden sich 60000 Weiße. Sie marschierten vom Washington-Denkmal zum Lincoln-Denkmal. Dann leitete die Sängerin Camilla Williams die dreistündige Kundgebung ein. Es folgten A. Philip Randolph, der Gewerkschafter, der Pfarrer Fred Shuttlesworth, Roy Wilkins (NAACP), John Lewis (SNCC) und andere. Mahalia Jackson sang und versammelte die Anwesenden mit der Kraft ihrer weiten Stimme. In brütender Hitze harrten sie aus in dem Bewußtsein, an einem geschichtlichen Ereignis teilzunehmen. A. Philip Randolph stellte dann King jr. als den «moralischen Führer der Nation» vor. King begann zu sprechen, löste sich nach wenigen Sätzen von dem mitgebrachten schriftlichen Text und überließ sich dem Augenblick, der unmittelbaren Eingebung, «während sich seine Stimme machtvoll über die große Menge erhob und in die Welt hinausging. An diesem Tag war uns allen, als kämen seine Worte von einem höheren Ort, als sprächen sie durch [ihn] hindurch zu den beladenen Menschen vor ihm. Der Himmel tat sich auf, und wir alle schienen verwandelt», berichtete Coretta King.[98]

Ich freue mich, heute mit euch zusammen an einem Ereignis teilzunehmen, das als die größte Demonstration für die Freiheit in die Geschichte unserer Nation eingehen wird. Vor hundert Jahren unterzeichnete ein großer Amerikaner, in dessen symbolischem Schatten wir heute stehen, die Emanzipationsproklamation. Dieser bedeutsame Erlaß war ein großes Leuchtfeuer der Hoffnung für Millionen von Negersklaven, die von den Flammen vernichtender Ungerechtigkeit gebrandmarkt waren. Er kam wie ein freudiger Tagesanbruch nach der langen Nacht ihrer Gefangenschaft. Aber hundert Jahre später ist der Neger immer noch nicht frei. Hundert Jahre später ist das Leben des Negers immer noch verkrüppelt durch die Fesseln der Rassentrennung und die Ketten der Diskriminierung. Hundert Jahre später lebt der Neger auf einer einsamen Insel der Armut inmitten eines riesigen Ozeans materiellen Reichtums. Hundert Jahre später schmachtet der Neger immer noch am Rande der amerikanischen Gesellschaft und befindet sich im eigenen Land im Exil. Deshalb sind wir heute hierher gekommen, um eine schändliche Situation zu dramatisieren. In gewissem Sinne sind wir in die Hauptstadt unseres Landes gekommen, um einen Scheck einzulösen. Als die Architekten unserer Republik die großartigen Worte der Verfassung und der Unabhängigkeitserklärung schrieben, unterzeichneten sie einen Schuldschein, zu dessen Einlösung alle Amerikaner berechtigt sein sollten. Dieser Schein enthielt das Versprechen, daß allen Menschen – ja, schwarzen Menschen ebenso wie weißen – die unveräußerlichen Rechte auf Leben, Freiheit und den Anspruch auf Glück garantiert würden. Es ist heute offenbar, daß Amerika seinen Verbindlichkeiten nicht nachgekommen ist, soweit es die schwarzen Bürger betrifft. Statt seine heiligen Verpflichtungen zu erfüllen, hat Amerika den Negern einen Scheck gegeben, der mit dem Vermerk zurückgekommen ist: «Keine Deckung vorhanden». Aber wir weigern uns zu glauben, daß die Bank der Gerechtigkeit bankrott ist. Wir weigern uns zu glauben, daß es nicht genügend Gelder in den großen Stahlkammern der Gelegenheiten in diesem Land gibt ...

Marsch auf Washington am 28. August 1963

Es wird weder Ruhe noch Rast in Amerika geben, bis dem Neger die vollen Bürgerrechte zugebilligt werden. Die Stürme des Aufruhrs werden weiterhin die Grundfesten unserer Nation erschüttern, bis der helle Tag der Gerechtigkeit anbricht. Und das muß ich meinem Volk sagen, das an der abgenutzten Schwelle der Tür steht, die in den Palast der Gerechtigkeit führt: während wir versuchen, unseren rechtmäßigen Platz zu gewinnen, dürfen wir uns keiner unrechten Handlung schuldig machen. Laßt uns nicht aus dem Kelch der Bitterkeit und des Hasses trinken, um unseren Durst nach Freiheit zu stillen.

Wir müssen unseren Kampf stets auf der hohen Ebene der Würde und Disziplin führen. Wir dürfen unseren schöpferischen Protest nicht zu physischer Gewalt herabsinken lassen. Immer wieder müssen wir uns zu jener majestätischen Höhe erheben, auf der wir physischer Gewalt mit der Kraft der Seele entgegentreten. Der wunderbare, neue kämpferische Geist, der die Gemeinschaft der Neger erfaßt, darf uns nicht verleiten, allen Weißen zu mißtrauen. Denn viele unserer weißen Brüder – das beweist ihre Anwesenheit heute – sind zu der Einsicht gekommen, daß ihre Zukunft mit der unseren untrennbar verbunden ist. Sie sind zu der Einsicht gekommen, daß ihre Freiheit von unserer Freiheit nicht zu lösen ist. Wir können nicht allein marschieren. Und wenn wir marschieren, müssen wir uns verpflichten, stets weiter zu marschieren. Wir können nicht umkehren ...

Ihr seid die Veteranen schöpferischen Leidens. Macht weiter und vertraut darauf, daß unverdientes Leiden erlösende Qualität hat. Geht zurück nach Mississippi, geht zurück nach Georgia, geht zurück nach Louisiana, geht zurück in die Slums und Gettos der Großstädte im Norden in dem Wissen, daß die jetzige Situation geändert werden kann und wird. Laßt uns nicht Gefallen finden am Tal der Verzweiflung. Heute sage ich euch, meine Freunde, trotz der Schwierigkeiten von heute und morgen habe ich einen Traum. Es ist ein Traum, der tief verwurzelt ist im amerikanischen Traum. Ich habe einen Traum, daß eines Tages diese Nation sich erheben wird und der wahren Bedeutung ihres Credos gemäß leben wird: «Wir halten diese Wahrheit für selbstverständlich: daß alle Menschen gleich erschaffen sind.» Ich habe einen Traum, daß eines Tages auf den roten Hügeln von Georgia die Söhne früherer Sklaven und die Söhne früherer Sklavenhalter miteinander am Tisch der Brüderlichkeit sitzen können. Ich habe einen Traum, daß sich eines Tages selbst der Staat Mississippi, ein Staat, der in der Hitze der Ungerechtigkeit und Unterdrückung verschmachtet, in eine Oase der Freiheit und Gerechtigkeit verwandelt.

Ich habe einen Traum, daß meine vier kleinen Kinder eines Tages in einer Nation leben werden, in der man sie nicht nach ihrer Hautfarbe, sondern nach ihrem Charakter beurteilen wird. Ich habe einen Traum ... Ich habe einen Traum, daß eines Tages in Alabama, mit seinen bösartigen Rassisten, mit einem Gouverneur, von dessen Lippen Worte wie «Intervention» und «Annullierung der Rassenintegration» triefen ... daß eines Tages genau dort in Alabama kleine schwarze Jungen und Mädchen die Hände schütteln mit kleinen weißen Jungen und Mädchen als Brüder und Schwestern. Ich habe heute einen Traum ... Ich habe einen Traum, daß eines Tages jedes Tal erhöht und jeder Hügel und Berg erniedrigt wird. Die rauhen Orte werden geglättet und die unebenen Orte begradigt werden.

Und die Herrlichkeit des Herrn wird offenbar werden, und alles Fleisch wird es sehen. Das ist unsere Hoffnung. Mit diesem Glauben kehre ich in

King spricht in Washington

den Süden zurück. Mit diesem Glauben werde ich fähig sein, aus dem Berg der Verzweiflung einen Stein der Hoffnung zu hauen. Mit diesem Glauben werden wir fähig sein, die schrillen Mißklänge in unserer Nation in eine wunderbare Symphonie der Brüderlichkeit zu verwandeln. Mit diesem Glauben werden wir fähig sein, zusammen zu arbeiten, zusammen zu beten, zusammen zu kämpfen, zusammen ins Gefängnis zu gehen, zusammen für die Freiheit aufzustehen, in dem Wissen, daß wir eines Tages frei sein werden.

Das wird der Tag sein, an dem alle Kinder Gottes diesem Lied eine neue Bedeutung geben können: «Mein Land, von dir, du Land der Freiheit, singe ich. Land, wo meine Väter starben, Stolz der Pilger, von allen Bergen laßt die Freiheit erschallen.» Soll Amerika eine große Nation werden, dann muß dies wahr werden. So laßt die Freiheit erschallen von den gewaltigen Gipfeln New Hampshires. Laßt die Freiheit erschallen von den mächtigen Bergen New Yorks, laßt die Freiheit erschallen von den schneebedeckten Rocky Mountains in Colorado. Laßt die Freiheit erschallen von den geschwungenen Hängen Kaliforniens.

Aber nicht nur das, laßt die Freiheit erschallen von Georgias Stone Mountain. Laßt die Freiheit erschallen von Tennessees Lookout Mountain. Laßt die Freiheit erschallen von jedem Hügel und Maulwurfshügel Mississippis, von jeder Erhebung. Laßt die Freiheit erschallen!

Wenn wir die Freiheit erschallen lassen – wenn wir sie erschallen lassen von jeder Stadt und jedem Weiler, von jedem Staat und jeder Großstadt, dann werden wir den Tag beschleunigen können, an dem alle Kinder Gottes – schwarze und weiße Menschen, Juden und Heiden, Protestanten und Katholiken – sich die Hände reichen und die Worte des alten Negro Spiritual singen können: «Endlich frei! Endlich frei! Großer allmächtiger Gott, wir sind endlich frei!»[99]

Die Ermordung J.F. Kennedys am 22. November 1963

Wenige Monate nach dem triumphalen Auftritt in Washington traf die Ermordung des Präsidenten John F. Kennedy die Bürgerrechtsbewegung besonders hart. King jr. war dem Präsidenten persönlich verbunden und verlor in ihm einen Freund.

Kennedys Nachfolger im Weißen Haus, Lyndon B. Johnson, paukte mit Hilfe von Hubert Humphrey die Bürgerrechtsvorlage bis zum 19. Juni 1964 durch alle Instanzen. Das bedeutete einen erheblichen Schritt nach vorn. Johnson lud King ins Weiße Haus, als das Dokument unterschrieben wurde. Der Südstaatler Johnson erreichte, was Kennedy nach dem Tode von Medgar Evers versprochen hatte: «Hundert Jahre der Versäumnisse sind verstrichen, seit Präsident Lincoln den Sklaven die Freiheit gab. Aber ihre rechtmäßigen Nachfolger, ihre Erben sind nicht frei. Sie sind noch nicht befreit von den Gesetzen der Ungerechtigkeit; sie sind noch nicht befreit von sozialer und ökonomischer Bedrückung. Diese Na-

Ermordung Kennedys am 22. November 1963

tion mit all ihren Hoffnungen und all ihrem Selbstlob wird nicht ganz frei sein, bis alle ihre Bürger frei sind ... Wir geben der Freiheit überall in der Welt unsere Stimme ... Aber können wir der Welt sagen ... daß in diesem Land jeder frei ist mit Ausnahme der Neger, daß wir keine Menschen zweiter Klasse haben, mit Ausnahme der Neger, daß wir kein Klassen- und Kastensystem haben, keine Gettos, keine Herrenrasse, außer im Blick auf die Neger? Es ist die Zeit gekommen, daß diese Nation ihr Versprechen einlöst.»[100]

Es ist nicht auszuschließen, daß Kennedy unter anderem auch deshalb ermordet wurde, weil er sich für die Schwarzen Amerikas einsetzte. Er nutzte die Möglichkeit seines Amtes so, daß er für einige unerträglich wurde. Daß der Mord von Dallas, Texas, die Tat eines einzelnen, Lee Harvey Oswald, gewesen sein soll, dafür gab es niemals eine widerspruchslose Bestätigung. Bis heute blieben die wahren Drahtzieher im Hintergrund.

Der Mann des Jahres –
«Time» ehrt Martin Luther King jr.

Am 3. Januar 1964 stellte die Wochenzeitschrift «Time» King jr. als «Man of the year» vor. Sie zeichnete seinen Lebensweg nach und würdigte eingehend sein Wirken seit 1955. Sie nannte ihn das «Symbol der Revolution». «Birmingham wurde zum Hauptkampfplatz des Aufstands der Neger, und ihr Führer King jr. zum Symbol der Revolution für Tausende von Schwarzen und Weißen – und zum Mann des Jahres. King ist in vielfacher Hinsicht der ungeliebte Leiter einer ungeliebten Organisation – der SCLC, einer losen Verbindung von etwa hundert kirchenorientierten Gruppen. King besitzt weder die stille Brillanz noch die scharfen administrativen Fähigkeiten des NAACP-Leiters Roy Wilkins. Er besitzt ebensowenig die Weltgewandtheit des Leiters der ‹National Urban League›, Whitney Young jr. ... Es fehlt ihm sowohl der Einfallsreichtum von James Farmer (CORE) als auch das rauhe Durchsetzungsvermögen von John Lewis (SNCC) und die überschäumende Intelligenz eines James Baldwin. King glänzte nicht im Show-Geschäft, wo Schwarze schon lange prominente Vertreter vorweisen können ... Er verdient kaum mehr als ein Klempner und besitzt nur wenig. Seine Erscheinung ist nicht gerade überwältigend mit ihren kaum 168 cm Größe ... Er kleidet sich todtraurig schwarz und konventionell. Er besitzt nur wenig Sinn für Humor ... King predigt endlos über die Gewaltlosigkeit ... Seine Mission ist, die Kräfte der Gewalt umzumünzen in direkte, gewaltlose Aktionen. Dafür arbeitet er täglich zwanzig Stunden ... Er ist die unbestrittene Stimme der Schwarzen Amerikas. Tief wurzelt er im Christentum. Nach 1963 wird mit Hilfe Martin Luther Kings der Neger niemals wieder der sein, der er war.»[101]

Das amerikanische Dilemma

Die neue Bürgerrechtsgesetzgebung wurde vom Senat nach achtunddreißigstündiger Debatte mit einem Abstimmungsergebnis von 73 gegen 27 Stimmen gebilligt. Einige Hauptforderungen der SCLC waren voll erfüllt: 1. Keine Segregation und Diskriminierung in öffentlichen Einrichtungen. 2. Bessere Schulen für Negerkinder. 3. Keine Benachteiligung auf den Gebieten des Arbeits- und Beschäftigungswesens. 4. Wer sechs Schuljahre nachweisen kann, darf an Wahlen teilnehmen.

Der letzte Punkt stieß bei der Durchführung auf große Schwierigkeiten, so daß King jr. zusätzliche Ausführungsbestimmungen verlangte. Sie ließen auf sich warten. Inzwischen verschärfte sich die Situation. Schwarze, die sich in die Wählerlisten eintragen wollten, wurden verprügelt. Am 21. Juni 1964 verschwanden drei junge Bürgerrechtler spurlos: Der vierundzwanzigjährige weiße Sozialarbeiter Michael Henry Schwer-

King: «Man of the Year». Titelbild des «Time Magazine» im Februar 1957

ner, Sohn aus jüdischer Familie, dessen Verwandte im Nazi-Deutschland Hitlers umgebracht worden waren, der einundzwanzigjährige Schwarze James Chaney aus Mississippi und der zwanzigjährige Weiße Andrew Goodman, wie Schwerner Sohn jüdischer Eltern. Alle drei halfen mit

King und Willy Brandt bei der Gedenkfeier für John F. Kennedy am 13. September 1964 in Berlin

beim Aufbau eines Zentrums, von dem aus die Wählerregistrierung unterstützt und vorangetrieben werden sollte. Von Anfang an gehörten Drohbriefe und Telefonanrufe des Ku-Klux-Klan zu ihren täglichen Erfahrungen. An jenem 21. Juni, einem Sonntag, fuhren die drei Mitarbeiter des CORE zu einem Gottesdienst in der von Rassisten niedergebrannten Kirche von Longdale, Mississippi, um Flugblätter zu verteilen, die eine Anleitung zur Wählerregistrierung enthielten. Um 14 Uhr 30 machten sie sich auf den Rückweg und fuhren über den Highway 16 in Richtung Philadelphia, Mississippi, als sie von Sheriff Cecil Price wegen einer angeblichen Geschwindigkeitsüberschreitung angehalten wurden. Von nun an lief offenbar ein abgekartetes Spiel. Zunächst brachte man sie nach Philadelphia und verhörte sie. Sechs Stunden später ließen die Beamten sie nach Zahlung von 20 Dollar wieder frei. Als sie um 22 Uhr vom Gefängnis abfuhren, begleitete Sheriff Price sie bis zur Ortsgrenze. Was dann geschah, konnte bis heute nicht geklärt werden. Ermittelt werden konnte lediglich, daß Unbekannte die drei CORE-Mitglieder erschlugen und erschossen und die Leichen verscharrten. Erst am 4. August fand man sie an einem Erdwall 2 Meilen vom Highway 21 entfernt. Eine mafiaartige Mauer des Schweigens schützte die Mörder. Sheriff Cecil Price und Sheriff Lawrence Rainey, die die drei Bürgerrechtler den Mördern in die Hände gespielt haben dürften, lümmelten sich bei der Verhandlung, Popcorn kauend, in ihren Stühlen. Ein Foto dieser einzigartigen Szene ging um die Welt. Die Angeklagten konnten sicher sein, nicht belangt zu werden. Tatsächlich ließ das Gericht die Anklage fallen. Die Indizien reichten nicht aus.

Wie groß das ist, was der schwedische Friedensforscher Gunnar Myrdal schon 1943 ein «amerikanisches Dilemma» nannte, macht folgende, geradezu groteske Begebenheit sichtbar: Am 19. Juni 1964 wurde King, in St. Augustine, Florida, verhaftet und gefangengehalten, weil er sich dafür eingesetzt hatte, daß auch schwarze Bewohner die örtliche Badeanstalt benutzen können. Zwei Tage später, am 21. Juni, verlieh ihm die älteste und ehrwürdigste Universität der USA, die Yale University, den juristischen Ehrendoktor. Der Universitätspräsident hielt eine Ansprache und bemerkte: «Die Dankbarkeit von Menschen allerorts und von nach uns kommenden Generationen von Amerikanern werden unserer Bewunderung für Sie, Dr. King, immer wieder neuen Ausdruck geben.»[102] King jr. hatte 900 Dollar Kaution hinterlegen müssen, um an der Feier teilnehmen zu können. Nach der Ernennung kehrte er ins Gefängnis von St. Augustine zurück.

Reise nach Deutschland

Im September 1964 besuchte King auf Einladung des Regierenden Bürgermeisters Willy Brandt West-Berlin. Im Rahmen der Festwochen nahm er an einem Konzert teil, das dem Gedächtnis von John F. Kennedy gewidmet war. In der Waldbühne sprach er am 13. September vor 25 000 Zuhörern. *Es ist der Glaube, der uns fähig gemacht hat, dem Tod ins Auge zu schauen. Es ist der Glaube, der uns einen Weg gezeigt hat, wo es keinen Weg zu geben schien ... Es ist der Glaube, den ich euch Christen hier in Berlin anbefehle, ein lebendiger, aktiver, starker, öffentlicher Glaube, der den Sieg Jesu Christi über die Welt bringt, ganz gleich, ob es eine östliche oder westliche Welt ist ... Mit diesem Glauben werden wir fähig sein, vom Berg der Verzweiflung einen Stein der Hoffnung abzutragen. Mit diesem Glauben werden wir fähig sein, die Mißverständnisse der Völkerfeindschaft in eine Symphonie der Bruderschaft zu verwandeln. Mit diesem Glauben werden wir fähig sein, miteinander zu arbeiten, miteinander zu beten, miteinander zu kämpfen, miteinander für die Freiheit einzustehen, weil wir wissen, daß wir eines Tages frei sein werden.*[103]

King jr. predigte auch in der Ost-Berliner Sophienkirche und sprach davon, daß es trotz der von Menschen errichteten Mauern etwas gebe, das alle Christen eint. Bewegt hörte er zu, als der Chor der Kirche in deutscher und englischer Sprache das Spiritual sang «Let my people go» (Laß mein Volk ziehen).

Von Berlin flog King mit Ralph Abernathy nach Rom, wo ihn der Papst in Privataudienz empfing. King jr. schenkte ihm ein Exemplar seiner Bücher *Kraft zum Lieben* und *Warum wir nicht warten können*.

Entgegennahme des Friedensnobelpreises

Mitte Oktober begab King jr. sich zu einer Routineuntersuchung in das St. Joseph-Krankenhaus von Atlanta. Dort erfuhr er durch einen Anruf seiner Frau, daß ihm der Friedensnobelpreis 1964 zugesprochen worden sei. Mit 35 Jahren war er der jüngste Träger dieser Auszeichnung. Nicht nur das schwarze Amerika jubelte. Von allen Seiten erreichten ihn Zuspruch, Aufmerksamkeit und freudige Anerkennung. Mitte November zog er sich für einige Tage in das Haus seines Kollegen Adam Clayton Powell nach Bimini auf den Bahamas zurück, um sich auszuruhen und an der Dankesrede zu arbeiten, die er in Oslo halten wollte. Dort erreichte ihn die Nachricht, daß J. Edgar Hoover, der Direktor des FBI, ihn auf einer Pressekonferenz als «notorischsten Lügner des Landes» bezeichnet habe. King hatte vor Mitarbeitern der Bürgerrechtsbewegung in Albany gesagt, es habe wenig Sinn, sich bei Rassenzwischenfällen an die Männer des FBI zu wenden, weil diese sich nicht für Schwarze einsetzen würden. Das nahm Hoover zum Anlaß für seine maßlose Attacke. King jr. äußerte sich betroffen und erstaunt. *Aus welchen Motiven eine solche unverantwortliche Beschuldigung kommt, ist für mich ein Rätsel.*[104]

Nach seiner Rückkehr von Bimini suchte er Hoover in Washington auf. Es kam zu einer «ganz freundlichen Unterredung»[105]. Ein damals entstandenes Foto zeigt aber King jr. beim Verlassen von Hoovers Büro mit sehr ernstem Gesicht.

Zusammen mit King sen., seiner Frau Coretta, seinem Bruder Alfred Daniel, seiner Schwester Christine und einigen engen Mitarbeitern flog King jr. über New York und London nach Oslo. In London predigte er in der St. Pauls-Kathedrale.

Bei der Übergabe des Friedensnobelpreises am 10. Dezember 1964 betonte der Vorsitzende des Komitees Gunnar Jahn: «Dr. King ist es gelungen, seine Anhänger auf den Grundsatz der Gewaltlosigkeit zu verpflichten ... Ohne Dr. Kings erfolgreiche Bemühungen um dieses Prinzip hätten Demonstrationen und Märsche leicht zu Gewalttätigkeiten führen und mit Blutvergießen enden können.»[106] King jr. antwortete:

Eure Majestät, Eure Königliche Hoheit, Herr Präsident, Exzellenzen, meine Damen und Herren!

Ich nehme den Friedensnobelpreis zu einem Zeitpunkt entgegen, zu dem 22 Millionen Neger in den USA in einen schöpferischen Kampf verwickelt sind, um die lange Nacht rassischer Ungerechtigkeit zu beenden. Ich nehme diesen Preis im Namen einer Bürgerrechtsbewegung entgegen, die entschlossen und mit großartiger Verachtung von Risiko und Gefahr aufgebrochen ist, ein Reich der Freiheit und eine Herrschaft der Gerechtigkeit aufzurichten.

Ich bin mir bewußt, daß erst gestern in Birmingham in Alabama der Ruf unserer Kinder nach brüderlicher Gemeinschaft mit Wasserwerfern und knurrenden Hunden, ja sogar mit dem Tod beantwortet wurde. Ich bin mir bewußt, daß erst gestern in Philadelphia in Mississippi junge Leute, die das Stimmrecht erlangen wollten, brutal mißhandelt und ermordet wurden.

Ich bin mir bewußt, daß schwächende und quälende Armut mein Volk plagt und es an der niedrigsten Stufe der wirtschaftlichen Leiter festkettet.

Deshalb muß ich die Frage stellen, warum dieser Preis einer Bewegung verliehen wird, die belagert ist und sich einem unnachgiebigen Kampf verpflichtet hat, einer Bewegung, die noch nicht den wahren Frieden und die brüderliche Gemeinschaft gewonnen hat, die den Sinn des Nobelpreises ausmachen.

Wenn ich genauer darüber nachdenke, komme ich zu dem Schluß, daß dieser Preis, den ich im Namen jener Bewegung empfangen habe, nachdrücklich anerkennt, daß Gewaltlosigkeit die Antwort auf die entscheidende politische und moralische Frage unserer Zeit ist – die Notwendigkeit, daß der Mensch Unterdrückung und Gewalt überwindet, ohne zu Gewalt und Unterdrückung Zuflucht zu nehmen.

Zivilisation und Gewalt sind gegensätzliche Begriffe. Neger in den USA haben – dem indischen Volk nachfolgend – bewiesen, daß Gewaltlosigkeit

Verleihung des Friedensnobelpreises im Dezember 1964

nicht sterile Passivität bedeutet, sondern eine machtvolle moralische Kraft darstellt, die zu gesellschaftlichen Veränderungen führt. Früher oder später müssen alle Menschen der Welt einen Weg finden, in Frieden zusammenzuleben, um dadurch dieses über uns schwebende kosmische Klagelied in einen schöpferischen Psalm der Brüderlichkeit zu verwandeln.

Wenn das erreicht werden soll, muß der Mensch für alle menschlichen Konflikte eine Methode entwickeln, die Rache, Aggression und Vergeltung vermeidet. Die Grundlage einer solchen Methode ist die Liebe.

Der gewundene Weg, der von Montgomery in Alabama nach Oslo führte, bezeugt diese Wahrheit. Dies ist der Weg, auf dem Millionen Neger sich bewegen, um ein neues Gefühl der Würde zu finden. Derselbe Weg hat für alle Amerikaner eine neue Ära des Fortschritts und der Hoffnung eröffnet. Er hat zu einer neuen Bürgerrechtsgesetzgebung geführt, und er wird nach meiner Überzeugung verbreitert und verlängert werden zu einer Schnellstraße der Gerechtigkeit, indem Neger und Weiße in zunehmender Zahl Bündnisse eingehen, um ihre gemeinsamen Probleme zu bewältigen.

Ich nehme heute diese Auszeichnung entgegen mit einem festen Glauben an Amerika und einem kühnen Glauben an die Zukunft der Menschheit. Ich weigere mich zu glauben, daß der «Ist-Zustand» der gegenwärtigen Natur des Menschen ihn moralisch unfähig macht, sich nach dem ewigen «Soll-Zustand» auszustrecken, mit dem er immer wieder konfrontiert ist.

Ich weigere mich zu glauben, der Mensch sei lediglich treibendes Wrack- und Strandgut im Strom des Lebens, der ihn umgibt. Ich weigere mich, die Ansicht zu übernehmen, die Menschheit sei so tragisch der sternenlosen Mitternacht des Rassismus und des Krieges verhaftet, daß der helle Tagesanbruch des Friedens und der Brüderlichkeit nie Wirklichkeit werden könne.

Ich weigere mich, die zynische Meinung zu übernehmen, eine Nation nach der andern müsse eine militaristische Stufenleiter hinabsteigen bis in die Hölle thermonuklearer Vernichtung. Ich glaube, daß unbewaffnete Wahrheit und bedingungslose Liebe das letzte Wort in der Wirklichkeit haben werden. Das ist der Grund, warum Recht, auch wenn es vorübergehend unterliegt, stärker ist als triumphierendes Böses.

Ich glaube, daß es inmitten der heulenden Geschosse und Granatenexplosionen unserer Tage Hoffnung gibt für ein helleres Morgen. Ich glaube, daß verwundete Gerechtigkeit, die auf den bluttriefenden Straßen unserer Nation hingestreckt ist, aus dem Staub der Schande emporgehoben werden kann, um über alle Menschenkinder zu herrschen.

Ich besitze die Kühnheit, zu glauben, daß Völker allerorten täglich drei Mahlzeiten für ihren Körper, Erziehung und Kultur für ihren Verstand und Würde, Gleichheit und Freiheit für ihren Geist haben können. Ich glaube, daß auf den anderen ausgerichtete Menschen wiederaufbauen können, was auf sich selbst ausgerichtete Menschen zerstört haben. Ich glaube immer noch, daß die Menschheit sich eines Tages Gottes Altären beugen wird und mit dem Triumph über Krieg und Blutvergießen gekrönt werden wird und gewaltloser, erlösender guter Wille seine Herrschaft über das Land ausrufen wird. «Und der Löwe und das Lamm werden einträchtig beieinander lagern. Und ein jeder wird unter seinem Weinstock und Feigenbaum wohnen, und niemand wird sie schrecken.» Ich glaube immer noch, daß wir überwinden werden.

Dieser Glaube kann uns den Mut verleihen, den Unsicherheiten der Zukunft ins Angesicht zu sehen. Er wird unseren müden Füßen neue Kraft geben, wenn wir weiter auf die Stadt der Freiheit zuschreiten. Wenn unsere Tage durch tiefhängende Wolken traurig und unsere Nächte dunkler als tausend Mitternächte werden, dann wissen wir, daß wir in dem schöpferischen Aufruhr leben, in dem eine echte Kultur unter Kämpfen geboren wird.

Heute komme ich nach Oslo als ein Treuhänder, begeistert und mit neuer Hingabe an die Sache der Menschlichkeit. Ich nehme diesen Preis entgegen im Namen aller Menschen, die Frieden und Brüderlichkeit lieben. Ich sage, ich komme als ein Treuhänder, denn in der Tiefe meines Herzens bin ich mir bewußt, daß diese Auszeichnung viel mehr ist als eine Ehrung für mich persönlich.

Jedesmal, wenn ich fliege, denke ich an die vielen Menschen, die eine glückliche Reise ermöglichen: die Piloten, die man kennt, und das Bodenpersonal, das man nicht kennt.

So ehren Sie die hingebungsvollen Piloten unseres Kampfes, die im Leitwerk saßen, als sich die Freiheitsbewegung in ihre Bahn erhob. Sie ehren noch einmal Häuptling Luthuli aus Südafrika, dessen Kampf mit seinem Volk und für sein Volk immer noch mit den brutalsten Formen der Unmenschlichkeit des Menschen gegen den Menschen beantwortet wird.

Sie ehren das Bodenpersonal, ohne dessen Anstrengungen und Opfer die Flugzeuge der Freiheit nie hätten vom Boden abheben können.

Die meisten dieser Menschen werden nie Schlagzeilen machen, und ihre Namen werden nicht im «Who's Who» erscheinen. Aber wenn die Jahre vergangen sind und das leuchtende Licht der Wahrheit auf dieses wunderbare Zeitalter fällt, in dem wir leben, werden Männer und Frauen wissen und Kinder gelehrt werden, daß wir ein schöneres Land, ein besseres Volk und eine edlere Kultur haben, weil diese demütigen Kinder Gottes bereit waren, um der Rechtschaffenheit willen zu leiden.

Ich glaube, Alfred Nobel wüßte, was ich meine, wenn ich sage: Ich nehme diesen Preis entgegen im Geist eines Verwalters eines kostbaren Erbes, das er verwahrt für seine wahren Besitzer, für alle, denen Schönheit Wahrheit ist und Wahrheit Schönheit und in deren Augen die Schönheit wahrer Brüderlichkeit und wahren Friedens kostbarer ist als Diamanten oder Silber oder Gold.

Martin Luther King jr. und das FBI

In J. Edgar Hoover, Direktor des FBI, des nahezu allmächtigen amerikanischen Geheimdienstes, erwuchs King jr. ein Gegner, der vor nichts zurückschreckte. Einen ersten Vorgeschmack davon hatte er bekommen, als Hoover ihn öffentlich angriff. Hoovers Ablehnung von Person und Mission Kings saß aber tiefer. Ehemalige Mitarbeiter sagten später aus, Hoover habe in King jr. einen «möglichen Messias», eine Befreiergestalt gesehen, die das schwarze Amerika vereinigen wollte, um es gegen die weiße Rasse zu führen. Kings Wohnung ließ er von 1963 bis 1965 mit Abhörvorrichtungen überwachen. Wenn King jr. reiste, wurden seine Hotelzimmer vorher entsprechend präpariert. Nachdem er 1964 zum «Mann des Jahres» erklärt worden war, entwarf das FBI einen Plan, «ihn vom Sockel zu holen und seinen Einfluß zu vermindern»[108]. Man beschloß, King jr. durch einen anderen Neger zu ersetzen. 1964 sandte das FBI ein anonymes Tonband an Coretta King, welches eindeutige Bettgespräche enthielt, die in Hotelzimmern während seiner Reisen aufgenommen sein sollten. Wenig später, 34 Tage vor der Entgegennahme des Friedensnobelpreises, erreichte King jr. ein anonymer Brief: «King, es gibt für Sie nur einen Ausweg. Sie wissen, was das bedeutet.» Im September 1964 versuchte das FBI mit Hinweis auf Kings «sexuelle Verfehlungen» den amerikanischen Bischof Francis Kardinal Spellman dafür zu gewinnen, er möge dem Papst von einem Treffen mit King abraten. Desgleichen warnte das FBI zwei amerikanische Universitäten, die Ehrendoktorwürde an King jr. zu verleihen. Am 28. Februar 1968 streute das FBI in Memphis, Tennessee, die Losung aus, King sei ein Heuchler. Während die schwarzen Müllarbeiter gegen die weiße Verwaltung streiken, wohne er in einem vornehmen Hotel, das einem Weißen gehöre. King jr. zog sofort aus dem «Holiday-Inn» aus und nahm Quartier im «Lorraine Motel», das einem Schwarzen gehörte. Es war aber auch das Hotel, das einem Schützen von der gegenüberliegenden Seite aus ein gutes Schußfeld bot.

J. Edgar Hoover sah in King jr. eine Gefahr für das weiße Amerika. Hoover, letztlich ein Emporkömmling und ein Strebertyp ohne Souveränität, dafür aber ein fleißiger Datensammler, konnte sich Schwarze nur als Chauffeure, Köche, Gärtner und Dienstmädchen vorstellen. Alles andere machte ihm angst. Er hielt King für einen Kommunisten. Stanley

Edgar Hoover, Chef des FBI

Levison mußte die Bewegung verlassen, als das FBI belastendes Material gegen ihn vorlegte – gefälscht oder echt. Hoover versuchte, die Bürgerrechtsbewegung zu treffen, zu brandmarken, herabzusetzen, unglaubwürdig zu machen. Die politische Tradition, Männern und Frauen, denen man nicht gewachsen ist, etwas moralisch Verwerfliches anzuhängen, führte ihm die Feder.

Der lange Marsch – 1965: Jahr der Opfer

Am 18. Januar 1965 folgte ein Weißer mit Namen James Robinson King jr. in Selma, Alabama, den ganzen Tag. Als dieser sich im Hotel «Albert» in die Gästeliste eintrug, stürzte er sich auf ihn und schlug ihm mit voller Kraft auf den Kopf. King jr. taumelte. Umstehende rissen den Täter zurück und hielten ihn fest, bis die Polizei eintraf. Kings Mitarbeitern wurde wieder einmal deutlich, «wie leicht es für einen Angreifer war, nahe genug an meinen Mann heranzukommen, um ihn zu verletzen», schrieb Coretta King.[109] In Selma und Marion, Alabama, hatte das SNCC große Anstrengungen unternommen, um Schwarzen die Eintragung in Wählerlisten zu ermöglichen. Als mehrere Wahlwillige unter Vorwänden verhaftet und ins Gefängnis gebracht wurden, zog ein Protestmarsch am Abend des 18. Februar von der Kirche zum Gefängnis. Plötzlich erlosch die Straßenbeleuchtung. Im Dunkeln schlugen Polizisten und Rassenfanatiker zu. «Ein junger Mann, der seine Mutter beschützen wollte, wurde von einer Kugel getroffen; acht Tage später, am 26. Februar, starb er.»[110] Er hieß Jimmy Lee Jackson. King jr. hielt bei seinem Begräbnis die Trauerrede. Wieder stand er vor einer Gemeinde, der er das Unbegreifliche verständlich machen sollte. Wieder mußte er gegen allen Anschein dem sinnlosen Geschehen einen Sinn abgewinnen und für Gewaltlosigkeit eintreten, wo ohnmächtige Wut und Angst verständlicherweise nach Gewalt riefen. Kurz zuvor hatten 1500 Menschen, Schwarze und Weiße, an einem Bankett teilgenommen, das die Stadt ihm aus Anlaß der Verleihung des Friedensnobelpreises gab. Alle Festgäste hatten sich an den Händen ergriffen und die Hymne der Bürgerrechtsbewegung gesungen: «We shall overcome». Nun, am Sarg von Jimmy Lee Jackson, zeigte sich die Wirklichkeit in all ihrer Grausamkeit.

Radikale Kräfte in der schwarzen Bevölkerung, die den Weg der Gewaltlosigkeit nicht gingen, weil sie es für ihr Recht erachteten zurückzuschlagen, gewannen ab 1965 an Einfluß. Malcolm X, der seinen Negersklavennamen Little abgelegt hatte, trat ein für «schwarze Gewalt» (Black Power). «Ich trete für Gewalt ein, wenn Gewaltlosigkeit nichts anderes bedeuten soll, als daß wir die Lösung der Probleme der amerikanischen Schwarzen weiter und weiter hinausschieben, nur um Gewalttaten zu vermeiden. Ich kann mich damit nicht abfinden ... Mit anderen Worten: Wenn der Schwarze in diesem Land nicht anders als durch Gewalt zu seinem Recht kommen kann, dann bin ich für Gewalt ...»[111] Er

King führt den Protestmarsch der farbigen Wähler an. Montgomery, 1965

befürwortete auch den Haß, der die den Schwarzen seit Jahrhunderten anerzogene Unterwürfigkeit durchbrechen sollte. Malcolm X wurde am 21. Februar 1965 in New York von einem Weißen erschossen. Wie er sah auch Elijah Muhammed die einzige Chance, das Los der Schwarzen zu bessern, im gewaltsamen Kampf.

King jr. wehrte sich inzwischen gewaltlos gegen die Hindernisse, die der Wählerregistrierung in den Weg gestellt wurden. Der Bürgermeister von Selma, Joe T. Smitherman, und Sheriff Jim Clark beteiligten sich an den Schikanen gegen Schwarze. Am 5. März sprach King jr. zweieinhalb Stunden mit Präsident Johnson und bat ihn, die Nationalgarde nach Selma zu schicken, da die örtlichen Polizeikräfte die Wahlwilligen nicht schützten. Zurückgekehrt von Washington gab er bekannt, es werde ein Marsch von Selma nach Montgomery stattfinden, der auf die Zustände hinweisen solle. Am Sonntag, 7. März, versammelten sich 500 Schwarze, um gemeinsam aufzubrechen. Polizisten mit Gasmasken, Tränengasgra-

naten und Knüppeln trieben sie auseinander. Während des brutalen Durchgreifens der Polizei riefen Weiße am Straßenrand: «Macht sie fertig, die Nigger. Bringt sie um. Erledigt die Hurensöhne.»

King nahm an diesem Marsch nicht teil. «Zur SCLC-Strategie gehörte, daß Führer in der Eröffnungsphase einer Kampagne der Verhaftung aus dem Wege gingen, um nicht eine Armee ohne Generale zurückzulassen.»[112] Für den folgenden Dienstag, 9. März, setzte die Leitung erneut einen Marsch an. Gerüchte liefen um, King jr. solle ermordet werden. Justizminister Nicholas Katzenbach und der ehemalige Gouverneur von Florida, Le Roy Collins, kamen nach Selma und versuchten, King vom Marsch abzuhalten. Dann marschierten 1500 Menschen, darunter fast 800 Weiße, los. Sie erreichten die Polizeikette, knieten auf der Straße nieder, beteten. Danach bat King die Demonstranten umzukehren. Viele hielten es für falsch. Aber die amerikanische Öffentlichkeit war tief beeindruckt von dem, was geschah. King jr. seinerseits hoffte, mit einer wesentlich größeren Menge den dritten Anlauf zu einem Marsch von Selma nach Montgomery machen zu können.

«Am Abend nach der Demonstration aß James Reeb aus Boston, ein weißer Geistlicher der unitarischen Kirche und Vater von fünf Kindern, zusammen mit zwei Geistlichen in einem von Schwarzen geführten Re-

Seine Eminenz Iakovos, Erzbischof der Griechisch-Orthodoxen Kirche, King jr., Ralph Abernathy und Fred Shuttlesworth an der Spitze eines Trauerzugs zum Gedenkgottesdienst für James Reeb in Selma, Alabama, am 15. März 1965

staurant Selmas. Als sie herauskamen, wurden sie von vier Klan-Mitgliedern in Sportjacken angegriffen, die riefen: ‹Weiße Nigger! Wo habt ihr euren Hammer und eure Sichel?›, Reebs Schädel wurde von einer Holzplanke zertrümmert, und er starb zwei Tage später in Birmingham, ohne das Bewußtsein wiedererlangt zu haben. Der ‹Direktor für öffentliche Sicherheit›, Polizeichef Wilson Baker von Selma, verhaftete rasch drei der Mörder. Die ganze Nation war durch diese Grausamkeit aufgebracht. Von Küste zu Küste wurde ... demonstriert. 4000 religiöse Führer versammelten sich in Washington, um die Wahlrechtsvorlage durchzusetzen, und demonstrierten vor dem Weißen Haus. Am Montag, dem

15. März, versammelten sich 2000 Personen zu einem Gedenkgottesdienst für James Reeb ... Martin hielt die Trauerrede, in der er fragte: *Warum müssen gute Menschen für das Gute sterben?* und darauf antwortete: *James Reebs Tod wird vielleicht den weißen Süden dazu bringen, mit seinem Gewissen ins reine zu kommen* ... Am gleichen Abend nahm Präsident Johnson endlich Stellung.»[113] Er sprach davon, daß die Sache der Neger zur Sache der ganzen Nation geworden sei. Weiße und Schwarze müßten nun gemeinsam das lähmende Erbe von Bigotterie und Ungerechtigkeit überwinden. «Und wir werden [es] überwinden [We shall overcome]. Der wahre Held dieses Kampfes ist der amerikanische Neger.

Ende des Marschs von Selma nach Montgomery im März 1965

Seine Aktionen und Proteste, der Mut, mit dem er seine Sicherheit aufs Spiel setzt, ja sein Leben in die Waagschale wirft, haben das Gewissen der Nation wach gemacht ... Er hat uns aufgerufen, das Versprechen Amerikas einzulösen.»[114] King jr. nannte die Äußerungen des Präsidenten *entwaffnend aufrichtig. Wir sind froh, zu wissen, daß unser Kampf in Selma die ganze Frage des Wahlrechts im Gewissen der Nation in den Vordergrund gerückt hat.*[115]

Trotz dieser zukunftsweisenden Rede des Präsidenten schlugen fünf Polizisten und acht Berittene des Sheriffs von Montgomery am 16. März auf friedliche Demonstranten ein und verletzten acht von ihnen.

Am 21. März unternahm King den dritten Versuch, von Selma nach Montgomery zu marschieren. Es versammelten sich 5000 Menschen. Nach einer Vereinbarung mit den Behörden zogen sie acht Meilen den Highway entlang. Dann löste sich der Zug auf, und nur 300 Teilnehmer zogen weiter. In Montgomery wollte man sich wieder vereinigen zu einer Schlußkundgebung. Nahe Montgomery gaben berühmte Künstler am Vorabend der Ankunft ein Konzert. Harry Belafonte, Leonard Bernstein, Billy Eckstine, Tony Bennett, Nina Simone, Sammy Davis jr. und andere sangen und spielten. Am kommenden Tag versammelten sich 50000 Menschen. King jr. marschierte mit ihnen an seiner ersten Wirkungsstätte vorbei, der Dexter Avenue Baptist Church. Sein Vater war gekommen, ebenso seine Frau Coretta und Ralph Bunche, A. D. King und Rosa Parks. Gegenüber dem Capitol von Montgomery, von dem Sheriff Jim Clark gesagt hatte, kein Schwarzer werde es betreten, es sei denn über seine Leiche, stand eine Plattform. King sprach und erinnerte an die Zeit, als hier die ersten Schritte getan wurden zur Erringung der Würde eines freien Menschen auch für den schwarzen Bürger der USA. *Wir sind jetzt auf dem Marsch, und keine Woge des Rassismus kann uns aufhalten ... vor uns liegt noch immer eine Zeit des Leidens. Wie lange sie dauern wird? Nicht lange, denn keine Lüge lebt ewig. Unser Gott marschiert weiter.*[116]

Wieder zeigte sich, mit welchen Opfern jeder noch so kleine Erfolg bezahlt werden mußte. Auf dem Highway 80 ermordeten weiße Rassisten Mrs. Viola Liuzzo, eine weiße Hausfrau aus Detroit, Mutter von fünf Kindern, als sie schwarze Demonstranten mit dem Auto nach Selma zurückbrachte. Sie war das dritte Opfer dieser wenigen Tage. Präsident Johnson ergriff zu den Vorfällen das Wort und kündigte dem Klan den Kampf an. Er nannte den Mord an Viola Liuzzo «einen Schandfleck auf unserer amerikanischen Gesellschaft»[117]. Frau Liuzzo stammte aus dem Kreis Lowndes, wo 80 Prozent der Bevölkerung schwarz war. Vor ihrem Tod stand kein Schwarzer in den Wählerlisten. Nach ihrer Ermordung fand erstmals eine Kundgebung statt. Sie eröffnete am 28. März in der Tricken Baptist Church eine neue Phase des Bewußtseins für die hier Lebenden. Einige Monate später wurde die Tricken Baptist Church von Rassisten zerstört.

Sommer 1965 bis Sommer 1966 – Chicago

Nach Selma und Montgomery machte King der SCLC und anderen Bürgerrechtsorganisationen den Vorschlag, im Norden der USA verstärkt tätig zu werden. Unter den Städten Washington, New York, Cleveland, Chicago, Detroit und Philadelphia entschied man sich für Chicago. Man glaubte, man könne die Aufmerksamkeit der Nation dort am besten auf die katastrophalen Schul-, Wohnungs- und Arbeitsverhältnisse lenken. Schon am 6. Juni sprach King vor der Generalsynode der United Church of Christ. Unter den Zuhörern entdeckte er einige, die am Marsch von Selma nach Montgomery teilgenommen hatten, unter ihnen eine einseitig beinamputierte Frau, die die ganze Strecke auf Krücken bewältigt hatte. Er sagte: *Wir sind dazu berufen, Thermostaten zu sein, die die Temperatur der Gesellschaft kontrollieren und regulieren, nicht Thermometer, die lediglich die Temperatur einer Mehrheitsmeinung anzeigen oder festhalten.*[118] Am 24. Juli kehrte King jr. zu einer dreitägigen Blitzkampagne nach Chicago zurück und führte mehr als 20000 schwarze und weiße Demonstranten vor das Rathaus. *Chicago gibt nur wenig mehr als die Hälfte des Betrags für die Erziehung eines Kindes aus, den die Stadt New York dafür ausgibt. Neunzig Prozent der Neger-Kinder sitzen in segregierten, überfüllten Schulklassen. Die jungen Neger werden schon in der Schule zu Krüppeln gemacht.*[119]

Als am 6. August die von Präsident Johnson durchgesetzte Verbesserung des Wahlrechtsgesetzes unterschrieben wurde, gehörte King jr. zu den Anwesenden. Mit dieser Legitimation sah für die Zukunft vieles anders aus.

Im Norden der USA stieß die Anwendung der Methode des gewaltlosen Widerstands zumeist auf Ablehnung. Es kam im Sommer 1965 zu gewalttätigen Unruhen in Watts, einem Vorort von Los Angeles. Pfarrer Malcolm Boyd, ein Weißer, Anhänger der Freiheitsbewegung seit 1961, äußerte auf einer Versammlung in Miami Beach: «Die Massen empfinden, daß Martin Luther King nicht ihr Führer ist und daß er nicht für sie spricht.»[120] Andere Ereignisse zeigten, daß die Schwarzen der Gettos im Norden King jr. als einen berühmten Mann ansahen, der gar nichts von ihren Alltagsproblemen verstand.

Im Frühjahr 1966 mietete King für seine Familie und sich eine Slum-Wohnung im Neger-Getto von Chicago für eine völlig überhöhte Miete von 90 Dollar pro Monat. Er zog ins Elend, um seine Solidarität mit den Ärmsten der Armen zu beweisen, und es gelang ihm, einige Jugendliche, die nie etwas anderes erlebt hatten als Haß und Gewalt, für die Gewaltlosigkeit zu gewinnen.

Zugleich ging der Kampf im Süden weiter. Am 6. Juni schossen Rassisten den schwarzen Studenten James Meredith nieder, als er mit vier Freunden einen Freiheitsmarsch von Memphis nach Jackson über 300 Kilometer begann. Meredith wurde ins Krankenhaus von Memphis gebracht. Er genas. 1962 hatte er an der Universität von Mississippi seine

King jr. und Ralph Abernathy

Einschreibung nur unter Polizeieinsatz erzwingen können. Nun setzten andere seinen gewaltsam beendeten Marsch fort, darunter Stokely Carmichael, der neugewählte Präsident des SNCC, das sich unter seiner Führung von der bisherigen Linie der Gewaltlosigkeit lossagte. In Grenada, Mississippi, rief Carmichael während einer Rede von King jr. nach «Black Power».

In Chicago begannen die Demonstrationen am 10. Juli 1966. 50 000 Menschen nahmen daran teil. Mahalia Jackson sang, dann trug King die Forderungen vor und führte die Menge zum Rathaus. Bürgermeister Richard Daley war nicht anwesend, das Gebäude verschlossen. Am kommenden Vormittag legte eine Abordnung Vorschläge für bessere Schulen, bessere Arbeitsverhältnisse, bessere Wohnraumversorgung vor. Daley lehnte sie unumwunden ab. In der darauffolgenden Nacht erschütterten schwere Unruhen Chicago, die tagelang anhielten. Es kam zu Plünderungen von Geschäften. Am 26. August trafen sich King jr. und seine Mitarbeiter erneut mit den Oberen der Stadt. Die Verwaltung unterschrieb dabei ein Abkommen, in welchem sie sich verpflichtete,

King jr. mit Studentenführer Stokely Carmichael (links) und Floyd McKissick bei einer Pressekonferenz in Memphis, Tennessee, Juni 1966

Der Polizeichef von Selma, Alabama, Wilson Baker und King jr. an der Spitze eines Protestmarschs von Farbigen und Bürgerrechtlern am 1. Februar 1965

Schwarzen zu menschenwürdigen Wohnungen zu verhelfen und die Gettos aufzulösen.

Die SCLC setzte sich in der Folgezeit für eine Verminderung der Arbeitslosigkeit unter den Schwarzen ein. Sie führte Boykottmaßnahmen gegen weiße Geschäfte, Läden und Märkte durch, die Schwarze benachteiligten oder es ablehnten, sie einzustellen. Die Aktion «Brotkorb» stützte sich stark auf die Mitarbeit von Pfarrern, welche die Geschäftsinhaber aufsuchten und auf sie einwirkten, ihre Gelder bei schwarzen Banken anzulegen, damit diese wiederum Kredite zu günstigen Bedingungen an Schwarze vergeben konnten. Treibende Kraft war Jesse Jackson, der bis Oktober 1967 spürbare Verbesserungen durchsetzte.

1966 brachte für King jr. derart viele Verpflichtungen, daß er zu sonst nichts kam. So mußte er zum Beispiel einen Vortrag am 22. Juli in Genf absagen. Er schickte ein Tonband: *Millionen von Afrikanern, die geduldig an die Türen der christlichen Kirche klopfen, um das Brot der sozialen Gerechtigkeit zu erbitten, sind entweder überhaupt übersehen oder auf später vertröstet worden, was fast immer bedeutet: auf niemals. Millionen von amerikanischen Farbigen, die nach dem Brot der Freiheit hungerten, haben immer wieder an die Tür der sogenannten weißen Kirchen geklopft, aber sie sind gewöhnlich mit kalter Gleichgültigkeit oder dreister Heuchelei begrüßt worden.*

Vietnam – Das traurigste Kapitel

Schon 1965 hatte sich King öffentlich zum Vietnam-Krieg geäußert und seine Beendigung gefordert. Damals sprach er vor 400 Delegierten der Jahreskonferenz der SCLC in der Stadthalle von Birmingham (13. August). Seine Erklärung fiel maßvoll und abgewogen aus. Sie fand die Zustimmung der Anwesenden. 1966 traten die Folgen des Vietnam-Krieges deutlicher zutage. Die innenpolitischen Schäden waren nun unübersehbar. Der Krieg verschlang Unsummen, die dann bei den Programmen zur Bekämpfung der Armut fehlten. Es gab Schätzungen, nach denen jeder getötete Vietkong 500 000 Dollar kostete. Für einen Bedürftigen in den USA hingegen standen nur 53 Dollar zur Verfügung. Lange hielten die Bedenken anderer schwarzer Führer King jr. zurück, sich nachdrücklich und mit vollem Einsatz zu dem fatalen Thema zu äußern. Als er es dann beabsichtigte und sie davon in Kenntnis setzte, beschwor er eine ernste Lage herauf. Sein Vater ermahnte ihn eindringlich, sich nicht zur Außenpolitik zu Wort zu melden. Er sei dazu nicht befugt. Er werde alles gefährden, was bisher für die Verbesserung der Rechte der schwarzen Bevölkerung erreicht worden sei, wenn er den Eindruck erwecke, die Schwarzen stünden nicht solidarisch zu der Entscheidung der Regierung, diesen Krieg zu führen. Mitarbeiter machten ihn darauf aufmerksam, daß Präsident Johnson schon viel für die Schwarzen getan habe. Sie befürchteten, er werde die Mittel für die Bewegung kürzen oder ganz streichen lassen. Es gehe nicht an, daß sich die von Schwarzen geführte Bürgerrechtsbewegung mit der von Weißen geführten Anti-Vietnam-Kriegs-Bewegung zusammentue. Das werde von den Schwarzen nicht verstanden. Für King aber lagen Bürgerrechtsbewegung und Friedensbewegung eng beieinander.

Sich gegen den Vietnam-Krieg zu stellen, hieß, sich außerhalb der Gesellschaft der «guten» Amerikaner, der Patrioten, der «anständigen Leute» zu stellen. Wer gegen den Vietnam-Krieg sprach, war in den Augen der meisten ein «vaterlandsloser Geselle», ein «Verräter», ein «Feigling», nicht selten ein «Kommunist». King jr. kannte diese Argumente. Aber sie bedeuteten ihm nichts. Wichtige Mitarbeiter zogen sich zurück, darunter Bayard Rustin, der von Anfang an dabeigewesen war. Rustin schrieb, der Krieg in Vietnam sei sinnvoll und notwendig. Das sei auch die Meinung der schwarzen Amerikaner, und wenn King jr. das anders beurteile, dann sage er nur seine eigene Meinung. In dieser Frage besitze er nicht das Vertrauen der Schwarzen.

King antwortete in einer Rede am 4. April 1967 in der Riverside Church in New York: *Dieser Weg zur Lösung von Spannungen ist nicht recht. Diese Art von Beschäftigung, menschliche Wesen mit Napalm zu verbrennen, die Häuser unserer Nation mit Witwen und Waisen zu füllen, giftigen Haß in die Adern von Menschen zu spritzen, die normalerweise sich ganz menschlich verhalten, Männer von finsteren und blutigen Schlachtfeldern, körperlich verkrüppelt und seelisch aus dem Gleichgewicht gebracht, nach*

Hause zu senden, diese Beschäftigung kann nie und nimmer mit Weisheit, Gerechtigkeit und Liebe in Einklang gebracht werden. Ein Volk, das seit Jahren mehr Geld für militärische Verteidigung als für den Ausbau sozialer Reformen ausgibt, gerät in die Nähe des geistigen Todes.[122] Am 6. Februar 1968 präzisierte er auf der Jahreskonferenz der Vereinigung «Geistliche und Laien in Sorge um Vietnam», der Mensch habe zwar gelernt, riesige Brücken über die Meere zu bauen, mit den Flugzeugen die Entfernungen zu verkürzen und der Zeit Fesseln anzulegen. Es seien gigantische Gebäude errichtet worden. In das Weltall und die Tiefen des Meeres sei man vorgedrungen, aber am «Haus der Welt»[123], in dem alle Menschen friedlich zusammenleben können, baue niemand. Amerika befinde sich in einem technischen Vorsprung und zugleich in einem moralischen Rückstand. *Wir alle wissen, daß der Vietnam-Krieg den militärisch-industriellen Komplex in unserer Nation gestärkt hat ... Was nützt es einer Generation, die ganze Welt der technischen Mittel, der Fernsehgeräte, der Automobile und des elektrischen Lichts zu besitzen und schließlich doch ihre Seele zu verlieren. Die Worte Jesu sind auch in einem anderen Sinne noch wahr. Der Mensch lebt nicht vom Brot des Farbfernsehers allein, sondern von einem jeglichen Wort der Liebe, der Gerechtigkeit, der Wahrheit ... Und das Problem besteht darin, daß zu viele Menschen in Machtpositionen versuchen, Amerika von den falschen Dingen leben zu lassen ... Wir leben in einer Nation, die gegenwärtig der größte Lieferant von Gewalt in dieser Welt ist. Jede Nation, die fast 80 Milliarden Dollar aus dem Jahreshaushalt für Verteidigungszwecke aufwendet ... und hier und dort ein Almosen für soziale Reformen ausgibt, nähert sich ihrem eigenen geistigen Verderben.*[124] In den Massey-Referaten der Canadian-Broadcasting-Corporation im November/Dezember 1967 sagte King zum Thema «Das Gewissen und der Vietnam-Krieg»: *Und so war ich gezwungen, im Krieg nicht nur ein moralisches Verbrechen, sondern auch einen Feind der Armen zu sehen und als solchen zu bekämpfen ... ich wußte, daß ich nie mehr meine Stimme gegen die Gewalttätigkeit der Unterdrückten in den Negervierteln erheben konnte, wenn ich nicht zuerst klipp und klar mit dem größten Gewaltlieferanten der gegenwärtigen Welt redete: mit meiner eigenen Regierung.*[125]

Wenige Wochen vor seinem Tode hielt er in Atlanta am 4. Februar 1968 eine Predigt, in der er auf den Vietnam-Krieg einging:

Gott hat Amerika nicht berufen, das zu tun, was es jetzt in der Welt tut. Gott hat Amerika nicht berufen, sich in einem sinnlosen und ungerechten Krieg zu engagieren, wie dem in Vietnam. Wir sind Verbrecher in diesem Krieg. Wir haben fast mehr Kriegsverbrechen begangen als irgendeine Nation in der Welt, und ich werde das auch in Zukunft sagen. Und wir werden nicht mit dem Krieg aufhören auf Grund unseres Stolzes und unserer Arroganz.

Aber Gott kennt Wege, selbst Nationen an ihren Platz zu weisen. Der Gott, den ich anbete, hat eine bestimmte Weise zu sagen: «Fordere mich nicht heraus!» Er hat eine Weise zu sagen – wie der Gott des Alten Testaments zu den Hebräern –: «Fordere mich nicht heraus, Israel. Fordere mich nicht heraus, Babylon. Sei still und wisse, daß ich Gott bin. Und wenn du deinen rücksichtslosen Kurs nicht aufgibst, werde ich mich erheben und das Rückgrat deiner Macht brechen.» Und das kann Amerika passieren.[126]

King jr. hielt den Vietnam-Krieg für den schlimmsten und ungerechtesten Krieg in der Geschichte Amerikas. Es machte ihm zusätzlich zu schaffen, daß doppelt so viele Schwarze als Weiße in ihm verletzt oder getötet wurden. In New York nahm er am 15. April 1967 an einer Friedensdemonstration teil, zu der 250000 Menschen kamen. Zur gleichen Zeit sprach Coretta King in San Francisco vor 60000 Teilnehmern.

Wie von seiner Umgebung befürchtet, verschlechterte sich das Verhältnis von Bürgerrechtsbewegung und Weißem Haus. Mittel wurden gestrichen. Martin Luther King jr. wurde zur «nicht gern gesehenen Person». Ein Mitarbeiter von Präsident Johnson sagte, King habe eine Rede gehalten, die genau auf der Linie der verdammten Kommunisten liege.

Der Feldzug der Armen

Im Sommer 1967 kam es in den Gettos und Slums mehrerer großer Städte zu Explosionen der Gewalt. Kürzungen bei den Sozialprogrammen der Regierung verschlimmerten die Not der Ärmsten auf ein nicht mehr ertragbares Maß. In New York, Detroit und Atlanta griffen Schwarze rücksichtslos zu. Sie glaubten nicht daran, gewaltlos irgend etwas ändern zu können. King entwarf einen Plan, ihre verzweifelte Lage vor die Entscheidungsgremien der Nation zu bringen. Ein Marsch der Armen nach Washington müßte «Leute aus den unterentwickelten Gebieten des Südens und des Nordens zusammenholen, Leute, die keine Jobs und kein Geld haben ... So würde das Problem wirklich allen dramatisch vor Augen geführt. Nicht nur Schwarze müßten es sein, sondern alle Armen. Indianer, Puertoricaner, Mexikaner und selbst die armen Weißen müßten sich beteiligen ...»[127] King wollte mit diesem Marsch über das bisherige Anliegen der Bürgerrechtsbewegung hinausgreifen. Bislang hatte sie sich für die Schwarzen eingesetzt. Nun vergrößerte sich der Rahmen. Die SCLC erkannte und anerkannte diesen Schritt. Nicht zuletzt gab der Gedanke den Ausschlag, in einem langfristigen, auf erreichbare Ziele ausgerichteten Programm Krawalle in den Städten zu unterbinden. «Hoffnung statt Verzweiflung», darum ging es, und King jr. präzisierte: *Wirtschaftliche Sicherheit, anständige, hygienische Wohnungen und gute Schulen für jeden Amerikaner.*[128]

Im März 1968 trafen sich die Führer der Minoritätsgruppen. In Atlanta arbeitete man ein gemeinsames Programm aus. Die Vorbereitungen konnten beginnen. Die Hauptlast trug die SCLC. Zugleich gelang es ihr, die Wählerregistrierung weiter voranzutreiben. In Cleveland, Ohio, erhielten 50000 Schwarze das Wahlrecht. Sie wählten den schwarzen Mitbürger Carl Stokes zum Bürgermeister, ein Vorgang, wie er bisher in einer großen amerikanischen Stadt noch nicht vorgekommen war.

King und seine Mitarbeiter bereisten den Süden, sprachen mit einflußreichen Persönlichkeiten, koordinierten, integrierten und sorgten dafür, daß bekannt wurde, wie der Marsch nach Washington stattfinden sollte. Als Termin gaben sie den April an. Am 23. Februar hielt King jr. zum 100. Geburtstag des schwarzen Freiheitskämpfers Dr. William E. B. DuBois (1868–1963) in der New Yorker Carnegie Hall eine Rede, die zugleich Zeugnis ablegte für die eigenen Lebenserfahrungen, Einsichten und Konsequenzen.

Sein Wesen symbolisierte seinen Stolz auf die Schwarzen. Er entschuldigte sich nicht dafür, schwarz und deswegen beeinträchtigt zu sein. Statt dessen attackierte er den Unterdrücker wegen seines Verbrechens, Schwarze an ihrer Entwicklung zu hindern. Er trat dem Establishment entgegen. Er trotzte ihnen, und obwohl sie ihn mit Gehässigkeit und Verachtung überschütteten, wurde seine mächtige Stimme nie zum Schweigen gebracht... Die Geschichte hatte ihn gelehrt, daß es nicht genügt, wenn Menschen empört sind. Die wichtigste Aufgabe ist es, die Leute zu organisieren und zu einen, damit die Empörung zu einer verwandelnden Kraft wird... Das weiße Amerika, das ständig mit Lügen über Neger überschüttet wurde, hat zu lange in einem Nebel der Unwissenheit gelebt. Dr. DuBois gab ihm ein Geschenk der Wahrheit, für das es ihm ewig verpflichtet sein sollte.

Neger müssen in unserer Zeit große Aufgaben bewältigen. Wir wurden teilweise befreit und dann wieder versklavt. Wir müssen noch einmal auf alten Schlachtfeldern kämpfen, aber unsere Zuversicht ist größer, unsere Vision klarer und unser endgültiger Sieg gewisser – wegen der Beiträge, die ein militanter, leidenschaftlicher schwarzer Gigant hinterließ.

Dr. DuBois hat uns verlassen, aber er ist nicht tot. Der Geist der Freiheit ist nicht beerdigt im Grab des Tapferen. Er wird mit uns sein, wenn wir im April nach Washington gehen, um unser Recht auf Leben, Freiheit und das Streben nach Glück zu fordern.

Wir müssen nach Washington gehen, weil sie einen Waffenstillstand im Krieg gegen die Armut erklärt haben, während sie Milliarden verschwenden, um einen sinnlosen, grausamen und ungerechten Krieg in Vietnam auszuweiten. Wir werden dorthin gehen, wir werden darauf bestehen, gehört zu werden, und wir werden bleiben, bis die Administration antwortet. Wenn das gewaltsame Unterdrückung unserer Bewegung bedeutet, werden wir dem entgegentreten; denn das haben wir schon mehrmals getan. Wenn das Verachtung oder Spott bedeutet, werden wir das hinnehmen, denn das erfahren die Armen Amerikas schon jetzt. Wenn das Gefängnis bedeutet, werden wir das willig akzeptieren, denn Millionen Arme sind schon Gefangene der Ausbeutung und Diskriminierung.

Dr. DuBois wäre in der vordersten Reihe der heutigen Friedensbewegung. Er würde sofort die Parallele sehen zwischen der amerikanischen Unterstützung des korrupten und verachteten Thieu-Ky-Regimes und der Unterstützung der Sklavenbesitzer in den Südstaaten durch den Norden im Jahre 1876. Der CIA übertreibt kaum, ja er ist überraschend ehrlich, wenn er für den Kongreß die Rechnung aufstellt, daß der Krieg in Vietnam 100 Jahre dauern kann. Menschen, die ihrer Freiheit beraubt sind, geben nicht auf – Neger haben mehr als 100 Jahre gekämpft, und wenn auch der Zeitpunkt ihrer vollen Emanzipation unsicher ist, ausgesprochen sicher ist, daß der Kampf um sie fortdauern wird.[129]

An eben jenem 23. Februar, an welchem King über Dr. DuBois sprach, brach in Memphis, Tennessee, ein Streik schwarzer Müllarbeiter aus. Es ging um eine gerechte Behandlung bei der Berechnung von Lohnausfällen durch schlechtes Wetter. Die Polizei setzte während der friedlichen Demonstration Schlagstöcke, das neue Tränengas Mace und Patrouillenfahrzeuge ein. Der gerade ins Amt gewählte Bürgermeister Henry Loeb rechtfertigte das brutale Vorgehen. Die weiße Presse schloß sich an.

Das örtliche SCLC-Mitglied Jim Lawson bat daraufhin King, er möchte kommen, um zu den Betroffenen zu sprechen. King jr. zögerte. Zu wichtig waren die Vorbereitungen für den Marsch auf Washington. Dann hörte er, daß das Vorgehen der Polizei auch viele weiße Bürger in Empörung versetzt habe und die weißen Gewerkschaften AFL-CIO sich für das Anliegen der schwarzen Müllmänner verwendeten. So flog er am 18. März nach Memphis. Bayard Rustin, der wieder zu seinen engsten Mitarbeitern zählte, übernahm die notwendigen Planungen. Ralph Abernathy gab die Losung aus, man gehe über Memphis nach Washington. King sprach vor 15 000 Menschen. Eine Demonstration wurde für den 22. März beschlossen. Wegen Schneefalls und Kälte mußte sie verschoben werden. King jr. verließ Memphis, versprach Jim Lawson aber, am 28. März an der Spitze der Protestversammlung zu marschieren.

Ahnungen im Schatten des Todes und das Ende in Memphis

Es ist viel gerätselt worden, ob es möglich sei, daß Menschen ihren Tod vorwegspüren. Bei älteren Menschen gibt es so etwas häufig. Aber King jr. stand erst im 39. Lebensjahr. Einige Zeichen deuten darauf hin, daß er seinen Tod ahnte, seine Nähe empfand. Am 4. Februar 1968 sprach er vor seiner Gemeinde in der Ebenezer Baptist Church von Atlanta davon:

Hin und wieder, so vermute ich, denken wir alle realistisch nach über jenen Tag, an dem wir das Opfer werden jenes letzten gemeinsamen Nenners des Lebens – jenes Etwas, das wir Tod nennen. Wir alle denken darüber nach. Und hin und wieder denke auch ich an meinen Tod, und ich denke an meine Beerdigung. Ich denke daran nicht in einer krankhaften Weise. Hin und wieder frage ich mich selbst: «Was sollte – wenn es nach mir geht – dann gesagt werden?» Ich will euch heute morgen darüber Auskunft geben.

Wenn einige von euch dabei sind, wenn mein Tag kommt: ich möchte keine lange Beerdigung. Und wenn ihr jemanden die Grabrede halten laßt, sagt, sie sollen nicht zu lange reden. Hin und wieder frage ich mich, was sie nach meinem Wunsch sagen sollten. Sagt ihnen, sie sollen nicht erwähnen, daß ich den Friedensnobelpreis erhielt. Das ist nicht wichtig. Sagt ihnen, sie sollen nicht erwähnen, daß ich 300 oder 400 Auszeichnungen habe. Das ist nicht wichtig. Sagt ihnen, sie sollen nicht erwähnen, wo ich zur Schule ging.

Ich möchte, daß jemand an jenem Tag sagt: «Martin Luther King, jr. versuchte mit seinem Leben anderen zu dienen.» Ich möchte, daß jemand an jenem Tag sagt: «Martin Luther King versuchte, Liebe zu üben.» Ich möchte, daß ihr an jenem Tag sagt, daß ich versuchte, in der Kriegsfrage auf der richtigen Seite zu stehen. Ich möchte, daß ihr an jenem Tag sagen könnt, ich versuchte die Hungrigen zu speisen. Und ich möchte, daß ihr an jenem Tag sagen könnt, ich versuchte in meinem Leben die Nackten zu kleiden. Ich möchte, daß ihr an jenem Tag sagt, ich versuchte in meinem Leben die im Gefängnis zu besuchen. Ich möchte, daß ihr sagt, ich versuchte, die Menschheit zu lieben und ihr zu dienen.

Ja, wenn ihr sagen wollt, daß ich wie ein Tambourmajor vorausging, dann sagt, daß ich ein Tambourmajor für Gerechtigkeit war; daß ich ein Tambourmajor für Frieden war; daß ich ein Tambourmajor für Rechtschaffenheit war. Und all die anderen unwichtigen Dinge werden keine

King jr. bei einer Predigt in der Ebenezer Baptist Church in Atlanta

Rolle spielen. Ich werde kein Geld hinterlassen. Ich werde keine vornehmen und luxuriösen Dinge hinterlassen. Ich möchte nur ein hingebungsvolles Leben hinterlassen.[130]
Eigenartig berührt auch ein Ereignis, von dem Coretta King berichtet: «Am 12. März ... rief er mich aus seinem Büro an und fragte: ‹Hast du deine Blumen bekommen?› Ich verneinte und Martin erklärte ... der Besitzer habe versprochen, sie sofort zu schicken. Ich war gerührt über dies Zeichen der Liebe. Als Martin heimkam, um seine Reisetasche für den Flugplatz abzuholen, waren sie eingetroffen. Es waren schöne rote Nelken, aber als ich sie anfaßte, merkte ich, daß sie künstlich waren. In all unseren gemeinsamen Jahren hatte Martin mir nie künstliche Blumen geschenkt. Es schien so gar nicht seine Art ... Ich küßte ihn und bedankte mich. ‹Sie sind schön und sie sind künstlich.› – ‹Ja›, sagte Martin, ‹ich wollte dir etwas schenken, was du immer behalten kannst.› Es waren die letzten Blumen, die ich von Martin erhielt. Irgendwie schien er geahnt zu haben, daß sie nicht verwelken durften.»[131]

Schon bei der Ermordung von Präsident John F. Kennedy am 22. November 1963 hatte King seiner Frau gegenüber geäußert, so werde er auch einmal umkommen. Mit unerklärlicher Bestimmtheit fügte er hinzu, er werde nicht älter als vierzig Jahre. Diese Ahnungen verdichteten sich, als er am 3. April 1968 in Memphis in der Mason Temple Church sprach. Er erinnerte an den 19. September 1958, als Frau Isola Curry ihn mit einem Brieföffner lebensgefährlich verletzte. *Die Klinge ... war weit vorgedrungen und ihre Spitze reichte ... fast bis an die Aorta, die Hauptschlagader. Und wenn diese Ader durchschlagen ist, dann ertrinkt man in seinem eigenen Blut – das ist das Ende ... Nun, ich weiß nicht, was jetzt geschehen wird. Schwierige Tage liegen vor uns. Aber das macht mir wirklich jetzt nichts aus. Denn ich bin auf dem Gipfel des Berges gewesen. Ich mache mir keine Sorgen. Wie jeder andere würde ich sehr gern lange leben. Langlebigkeit hat ihren Wert. Aber darum bin ich jetzt nicht besorgt. Ich möchte nur Gottes Willen tun. Er hat mir erlaubt, auf den Berg zu steigen. Und ich habe hinübergesehen. Ich habe das Gelobte Land gesehen. Vielleicht gelange ich nicht dorthin mit euch. Aber ihr sollt heute abend wissen, daß wir, als ein Volk, in das Gelobte Land gelangen werden. Und deshalb bin ich glücklich heute abend. Ich mache mir keine Sorgen wegen irgend etwas. Ich fürchte niemanden. Meine Augen haben die Herrlichkeit des kommenden Herrn gesehen.*[132]

Die angekündigte Demonstration vom 28. März, einem Donnerstag, sollte um 9 Uhr beginnen. Kings Flugzeug landete mit großer Verspätung. Trotzdem entstand keine Unruhe in den Reihen der Demonstranten. Sorge bereiteten zwei andere Umstände. Einmal befanden sich unter den Anwesenden viele Radikale, kenntlich an ihren «Black Power»-Plakaten. Als sie auftauchten, erschien sofort die Polizei in stärkster Bewaffnung. Es breitete sich das Gerücht aus, sie sei bereits gegen Schüler der Mailton Hamilton High School mit Schlagstöcken und Mace-Gas vorgegangen und habe dabei eine Schülerin niedergeschlagen. King jr. übernahm um 11 Uhr 05 dennoch die Führung. Kurz darauf begannen systematische Zerstörungen. Schaufensterscheiben klirrten. Jugendliche Radikale warfen Steine. Die Kontrolle glitt den Organisatoren aus den Händen. Die Polizei griff ein. Ralph Abernathy, Bernard Lee und Jim Lawson brachten King jr. in Sicherheit. «Er war verzweifelt», schrieb Coretta Scott-King später.[133] Ein Sechzehnjähriger wurde getötet, 60 Personen, zumeist Schwarze, verletzt und 280 Demonstranten festgenommen. Die Plünderungen und Brandstiftungen setzten sich fort. Schließlich befanden sich 4000 Nationalgardisten im Einsatz. Regierungsstellen verhängten den Notstand. Auf einer Pressekonferenz bezweifelten Journalisten, daß es überhaupt möglich sei, Massendemonstrationen gewaltlos durchzuführen. Der schwarze Kongreßabgeordnete Adam Clayton Powell hatte aus einer konservativ abwartenden, langsamen Entwicklungen eher vertrauenden Haltung heraus diese Meinung schon vorher vertreten. Nun sah er sich bestätigt und spöttelte. Martin Luther King sei zu einem Martin «Looser» (Verlierer) King geworden. King widersprach und erklärte, sein Stab und er seien an den Vorbereitungen nicht beteiligt gewesen. Man habe ihnen verschwiegen, daß es unter den jungen Schwarzen Absprachen gab, gewalttätig zu werden. Zudem dachte er darüber ohnehin anders und hatte das in den Massey-Referaten auch dargelegt: *Für die 35 Millionen Armen in Amerika ... liegt etwas wie Erwürgtwerden in der Luft ... Die Frage, an der sich gegenwärtig die Geister scheiden ... lautet: Kann ein Programm der Gewaltlosigkeit realistischerweise erwarten, mit einem so ungeheuren, eingefleischten Übel fertig zu werden? ... Viele sind der Meinung, die Gewaltlosigkeit als Strategie für soziale Neuerung sei in den Flammen der städtischen Unruhen der letzten zwei Jahre eingeäschert worden. Sie sagen uns, die Neger hätten erst jetzt angefangen, ihr wahres Menschentum in der Gewalttätigkeit zu finden ... Ich bin überzeugt, daß sogar äußerst gewalttätige Naturen durch gewaltlose Disziplin gelenkt werden können, wenn die Bewegung sie wirklich bewegt, wenn die Leute konstruktiv handeln und über einen wirkungsvollen Kanal ihrem sehr berechtigten Zorn Luft machen können.*[134]

Im nachhinein kann nicht völlig ausgeschlossen werden, daß hinter diesen Unruhen das FBI steckte. Es soll junge schwarze Führer bezahlt haben, die dann King jr. anpöbelten, die Polizei provozierten und damit bewußt dazu beitrugen, daß das Prinzip der Gewaltlosigkeit durchbrochen wurde.

King jr. fing sich schnell. Am 30. März sprach er in Washington in der Nationalkathedrale von dem Feldzug gegen die Armut. Amerika schulde den Armen die Erfüllung des in der Verfassung niedergelegten Rechts auf Glück, Unversehrtheit und Anerkennung. Als Präsident Johnson am 31. März bekanntgab, er werde nicht für eine weitere Amtszeit kandidieren, nutzte er mit dem ganzen Gewicht seines hohen Amtes die Gelegenheit, Verhandlungen mit Nordvietnam und ein Ende des Kriegs zu verlangen. Das gab King großen Auftrieb.

Memphis, Tennessee, 28. März 1968: King jr. mit Ralph Abernathy (rechts) und H. Ralph Jackson führen den Protestmarsch an

In Memphis legte man einen neuen Versuch, gewaltlos zu demonstrieren, für den 5. April fest. King jr. sprach bei den Vorbereitungen selbst mit den radikalen schwarzen Jugendlichen und erreichte, daß sie sich beteiligten unter Verzicht auf jede Form von Gewaltanwendung. Mehrere Umstände führten zu einer Verschiebung auf Montag, 8. April 1968. So konnten die Vorsichtsmaßnahmen noch sorgfältiger getroffen werden. Am 3. April sprach King in der Mason Temple Church vor mehr als 2000 Zuhörern und ermahnte sie eindringlich: *Ich freue mich über jeden von euch, der heute abend hier ist ... Ihr zeigt, daß ihr in jedem Fall weitermachen wollt. Es geschieht etwas in Memphis, es geschieht etwas in unserer Welt ... Unsere Nation ist krank. Unruhe ist im Lande. Verwirrung überall ... Aber irgendwie weiß ich, daß man nur dann, wenn es dunkel genug ist, die Sterne sehen kann ... Wir sind gezwungenermaßen an einen Punkt gekommen, wo wir uns mit Problemen auseinandersetzen müssen, die in der Geschichte der Menschheit schon lange existieren, zu deren Lösung aber nie ein Zwang bestand. Die Menschen haben jahrhundertelang über Krieg und Frieden geredet. Aber jetzt können wir nicht mehr darüber reden. Es gibt in dieser Welt keine Wahl mehr zwischen Gewalt und Gewaltlosigkeit. Entweder Gewaltlosigkeit oder Nicht-Existenz. Genau an diesem Punkt stehen wir heute ... Wir müssen in Memphis ebenso (gewaltlos wie in Birmingham gegen «Bull» Connor) vorangehen. Ich fordere euch auf, dabei zu sein, wenn wir am Montag losmarschieren ... Wir brauchen uns mit niemandem zu streiten. Wir brauchen nicht zu fluchen oder böse Worte verlieren. Wir benötigen keine Steine und Flaschen. Wir benötigen keine Molotow-Cocktails ... Wir müssen den Konflikt durchstehen bis zum Ende ... Laßt uns vorangehen in diesen Tagen machtvoller Herausforderung mit dem Ziel, Amerika zu dem zu machen, was es sein sollte. Wir haben die Gelegenheit, aus Amerika eine bessere Nation zu machen.*[135]

Seit dem Umzug in das sehr einfache «Lorraine Motel» fanden die Sitzungen der verantwortlichen Mitarbeiter dort statt. A. D. King gehörte dazu. Er besprach mit seinem Bruder die Predigt, die dieser am Sonntag, dem 7. April 1968, in der Ebenezer Baptist Church in Atlanta halten wollte. King jr. hatte das Thema gewählt: *Warum Amerika verderben*

Aus einem Fenster dieser Häuser gegenüber dem «Lorraine Motel» in Memphis fiel am 4. April 1968 der Schuß, der King tötete

könnte. Die beiden Brüder riefen am Donnerstag, dem 4. April, ihre Mutter an. Für den Abend stand eine Versammlung auf dem Programm. «... bald war es Zeit, sich zum Essen fertig zu machen. Nachdem sich Martin angezogen hatte, trat er auf den kleinen Balkon zur Straße hin, von dem man auf eine heruntergekommene Pension etwa 70 Meter entfernt blickte. Ben Branch, der abends auf der Versammlung spielen sollte, stand unter dem Balkon, und Martin rief hinunter: ‹Vergiß nicht ‚Precious Lord Take My Hand' heute abend für mich zu singen. Sing es schön.› Lachend versprach es Branch. Solomon Jones, der Martin an diesem Abend fahren sollte, rief hinauf: ‹Es wird kühl, Dr. King. Nehmen Sie lieber einen Mantel mit.› – ‹Einverstanden.› Es war fast Zeit zu gehen. Ralph eilte in sein Zimmer, um etwas Rasierwasser zu benutzen. In diesem Augenblick ertönte der Schuß. Es soll wie ein Feuerwerkskörper geklungen haben ...»[136]

Martin Luther King wurde in den Hals getroffen. Man brachte ihn ins St. Joseph-Hospital. Jesse Jackson rief Coretta King in Atlanta an. Dann rief Andrew Young an und versicherte, ihr Mann sei nicht tot. Es war 19 Uhr 20. Coretta entschloß sich, ein Flugzeug um 20 Uhr 25 zu nehmen.

Die Familie bei der Trauerfeier am 9. April 1968

Coretta King

Als sie den Flugplatz von Atlanta erreichte, hörte sie, wie ihr Name im Lautsprecher ausgerufen wurde. Dann überbrachte ihr Ivan Allen, der Bürgermeister, die Nachricht, King jr. sei tot.

Präsident Johnson und Edward Kennedy riefen an. Harry Belafonte kam am nächsten Tag. Eine Nation nahm Anteil. Aber sie schrie auch auf

Coretta King mit ihren Kindern Bunny, Dexter, Yoki und Marty

in ihrem Schmerz und ihrer Erbitterung. In mehr als 130 Städten gab es Krawalle, Plünderungen, Brandstiftungen. 34 Schwarze und fünf Weiße starben. Am schlimmsten traf es die Hauptstadt Washington, wo ganze Straßenzüge in Schutt und Asche sanken. Wieder und wieder sendete der Rundfunk die letzte Rede von King jr., die er am 3. April gehalten hatte.

Am 8. April führte Coretta King den Demonstrationszug in Memphis an. Sie sprach von der erlösenden Kraft der Liebe und des Leidens und erinnerte an die Verpflichtung, die der Tod ihres Mannes allen, Schwarzen und Weißen, hinterlasse.

Die Trauerfeier für Martin Luther King jr. fand am Dienstag, 9. April, in Atlanta statt. 150000 Menschen nahmen teil. Ralph Abernathy leitete den Gottesdienst. Die Gedenkrede hielt Dr. de Wolf, bei dem King in Boston studiert hatte. Dann begann sein letzter Marsch, vorbei am Morehouse College, wo Dr. Benjamin Mays seines Schülers in einer kurzen Ansprache gedachte. Mahalia Jackson sang «Precious Lord Take My Hand». Ein Maultiergespann zog den Wagen mit dem einfachen Holzsarg durch die Stadt. Dann wurde Martin Luther King jr. in der Familiengruft auf dem «Süd-Blick-Friedhof» beigesetzt.

Wohl niemand hat das, was dieser Tod bedeutete, so tief erfaßt wie die treuen Freunde Harry Belafonte und Stanley Levison, der weiße Jurist, der die Bürgerrechtsbewegung verlassen mußte, als das FBI ihn verdächtigte, Kommunist zu sein, und der zurückkehrte, als King ihn erneut darum bat.

«Einer Nation, die im bittersten Rassismus erstarrte, weckte ein Schwarzer das schlummernde Gewissen; einer Nation, krank von Gewalt, predigte ein Schwarzer Gewaltlosigkeit; einer Nation, die Entfremdung zersetzte, predigte ein Schwarzer Liebe; einer Welt, die während zwanzig Jahren in drei Kriege verstrickt war, predigte ein Schwarzer Frieden.

Als die Kugel eines Mörders Martin Luther Kings Leben beendete, verfehlte sie ihr Ziel. In vier Tagen hörten mehr Leute seine Botschaft als in den zwölf Jahren seines Wirkens. Seine Stimme wurde zum Verstummen gebracht, aber seine Botschaft erschallte in der ganzen Welt.

Er wurde zu Lebzeiten mit Steinen und Messern angegriffen, geschmäht und bespien, aber im Tode offenbarte sich überwältigend, daß ein Mann von grenzenloser Güte unter uns gelebt hatte.

Martin Luther King starb, wie er lebte, indem er bis zum letzten Atemzug für die Gerechtigkeit kämpfte. In nur zwölf Jahren seines öffentlichen Wirkens trug er den Schwarzen mehr Achtung ein, als es dem gesamten vorangegangenen Jahrhundert gelungen war.

Wir, die wir ihn gut kannten, erinnern uns nicht an ein einziges Mal, da er ein Wort des Hasses gegen jemanden geäußert hätte. Doch seine Anklage gegen Segregation, Diskriminierung und Armut war ein Feuersturm, der eine neue Ära des Freiheitskampfes eröffnete.

Martin Luther King war kein Träumer, obgleich er einen Traum hatte. Seine Vision einer gerechten Gesellschaft entzündete sich an einer erwachenden Wirklichkeit. Unter seiner Führung schüttelten Millionen schwarzer Amerikaner geistige Fesseln, Furcht und Apathie ab und gingen auf die Straßen, um ihre Freiheit zu verkünden. Der Donner von Millionen marschierender Füße eilte dem Traum voran. Ohne diese Taten, zu denen sein ungeheurer persönlicher Mut inspirierte, wären die Worte nur Phantasiegespinst gewesen. Martin Luther King, der friedliche Krieger, lehrte sein Volk seine latente Macht kennen; disziplinierter Massenprotest befähigte es, seinen Unterdrückern in einer unblutigen Schlacht entgegenzutreten. Mit einem Schlag organisierte er seine Armeen und desorganisierte er seine Gegner. Im hellen Tageslicht der offenen Straßen erteilte er der Nation eine Lektion darüber, wer der Unterdrücker und wer die Unterdrückten waren.

Unbestreitbar zählt er zu den bedeutendsten schwarzen Führern der Geschichte. Doch war er ebenso ein Vorbild für Millionen Weißer, die durch ihn vor allem dies lernten: daß sie sich selbst erniedrigten, indem sie Schwarze herabwürdigten, und daß sie gewannen, wenn sie die Befreiung der Schwarzen unterstützten ...

Heute, da sein Bild in Millionen einfacher Hütten, in gewöhnlichen Häusern und feierlichen Sälen hängt, kann man sich kaum noch vorstellen, daß er seiner eigenen Organisation verbot, sein Bild zu verbreiten. Er wollte nicht vergöttert, er wollte gehört werden.

Er schrieb seinen eigenen Nachruf, um sich in den einfachen Worten seines Herzens darzustellen. ‹Sagt ihnen, daß ich versuchte, die Hungrigen zu nähren. Sagt ihnen, daß ich versuchte, die Nackten zu kleiden. Sagt ihnen, daß ich versuchte, anderen zu helfen.›

Und eben dies hat er unablässig getan. Darum ist er in der sittlichen Welt ohnegleichen, und wenn ihn auch der Tod verstummen ließ, so lebt er darum.»[137]

Der russische Dichter Jewgenij Jewtuschenko schrieb ein Gedicht:

> Er war ein Neger, aber weiß wie Schnee
> und rein war seine Seele.
> Er wurde getötet von Weißen
> mit schwarzen Seelen.
> Als ich's erfuhr
> traf mich die gleiche Kugel.
> Ihn tötete die Kugel,
> doch mich gebar sie neu,
> gebar mich als einen Neger.

Der Mann, der King jr. erschoß, wurde gefaßt. Es war der Berufsverbrecher James Earl Ray, der zugab, für diese Aufgabe bezahlt worden zu sein.[138] Von wem? Am 9. Juni 1968 stellte der Journalist Michael Halberstam seinen amerikanischen Mitbürgern in der «New York Times» die Frage: «Sind Sie schuldig, Martin Luther King jr. ermordet zu haben?» Er führte dann aus: «Nein, Nationen können nicht schuldig sein. Möglicherweise führt ein Mord nicht zu Schuldgefühlen. Aber Schuldgefühle führen sehr oft zu einem Mord. Weiße, die sich Schwarzen gegenüber schul-

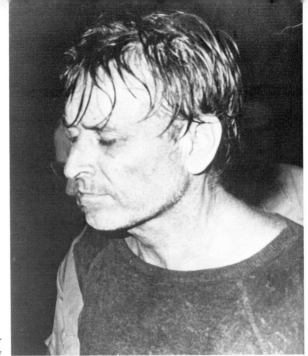

*Der Killer
James Earl Ray*

Das Zimmer, das James Earl Ray gegenüber dem «Lorraine Motel» gemietet hatte

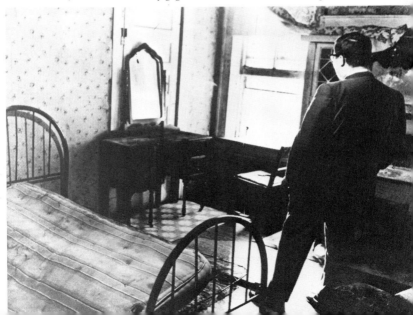

Die Kraft der Liebe

Text: P. Stein nach einer Predigt von Martin Luther King
Musik: P. G. Walter 1976

2. Ihr mögt uns schlagen,
   Wir werden euch lieben.
   Wir glauben trotzdem an
   Das Gute in euch.
   (folgt Refrain)

3. Ihr mögt uns meiden,
   Wir wollen euch lieben.
   Wir wollen euch locken,
   Das Gute zu tun.
   (folgt Refrain)

4. Ihr mögt uns spotten,
   Wir müssen euch lieben.
   Wir sehen in allem
   Den Christus in euch.
   (folgt Refrain)

Coretta King führt den von ihrem Mann geplanten «Marsch der Armen» auf Washington an

dig fühlen, sind vielleicht die bevorzugten Kandidaten kommender Explosionen der Gewalt gegen sie.»[139]

Der «Marsch der Armen» auf Washington fand am 19. Juni 1968 statt. «All dies wurde nach dem Tod von Martin Luther King eine gespenstisch wirkende Farce ... weil ohne King, ohne seinen Sinn für Organisation und wirksame symbolträchtige Handlungen sich die durchschlagende Wirkung nicht einstellen wollte.»[140]

Ausblick und Vermächtnis

Begriff und Methode der Gewaltlosigkeit
bei Martin Luther King jr.

King jr. hat sich ausführlich über seinen «Weg zur Gewaltlosigkeit» geäußert.[141] Danach kannte er seit früher Jugend die rassistische Gesinnung und die aus ihr hervorbrechende Gewalt des Ku-Klux-Klan, vieler Polizisten und Richter, vor denen ein Schwarzer nur schwer, wenn überhaupt, Recht zugesprochen erhielt. Er kannte zugleich die ökonomische Ungerechtigkeit, die den Alltag, das ganze Leben des Schwarzen zwischen Geburt und Tod überschattete. Zwar traf die ökonomische Chancenlosigkeit, die Armut ohne Ausweg auch weiße Menschen. Die Hauptlast aber und den vollen Druck mußten die Schwarzen Amerikas aushalten – und das schon seit 300 Jahren. Für King gab es zur Überwindung dieses Zustands drei Wege.

1. Der Unterdrückte ergibt sich in sein Schicksal. Er nimmt hin, er unterwirft sich, er gewöhnt sich an den Zustand rechtloser Sklaverei. So gut King jr. verstand, daß ein Mensch so weit kommen kann, so gut er verstand, daß Menschen den Mut verlieren, sich aufzulehnen, so sehr verurteilte er diese Haltung: *Wer ein ungerechtes System untätig hinnimmt, arbeitet mit diesem System zusammen. Dabei wird der Unterdrückte ebenso schlecht wie der Unterdrücker ... Wenn man Ungerechtigkeit passiv hinnimmt, muß das der Unterdrücker als Bestätigung dafür auffassen, daß er moralisch richtig handelt ... So ist Ergebung und Duldsamkeit nicht der moralische Weg, wenn er auch oft der bequemere ist. Es ist der Weg des Feiglings.*[142]

2. Der Unterdrückte erhebt sich und sucht, sein Recht auf ein besseres Leben mit Gewalt zu erringen. Diesem, für King jr. ebenfalls verständlichen Weg, liegt das Prinzip zugrunde: «Auge um Auge». Nach Kings fester Überzeugung bleiben hier jedoch nur Blinde zurück. Aus Gewalt ergibt sich kein dauerhafter Frieden, weil Gewalt den Gegner demütigt, statt ihn zu gewinnen. *Die größte Schwäche der Gewalt liegt darin, daß sie gerade das erzeugt, was sie vernichten will. Statt das Böse zu verringern, vermehrt sie es.*[143] Gewalt begründet Feindschaft und schließt Bruderschaft für alle Zeiten aus. *Sie macht die Überlebenden bitter und die Zerstörer brutal.*[144] Gewalt deformiert den Menschen. Sie hinterläßt keine

Sieger, sondern nur Besiegte. King kannte die furchtbaren Folgen der Gewalt für die Opfer und ihre Peiniger. Er wußte, daß gerade die amerikanische Gesellschaft sie eher anbetete und verherrlichte als ablehnte. Und so sah er die erniedrigenden, das Leben zu Tode knebelnden Seiten der Gewalt und der Ergebung.

3. Deshalb entschied er sich für einen dritten Weg, den Weg der Gewaltlosigkeit, des gewaltlosen Widerstandes. Es ging darum, den Gegner nicht mit Gewalt anzugreifen und doch dem *Bösen Widerstand*[145] zu leisten. King jr. nannte diese Methode «asymmetrisch»: Auf den Schlag folgt nicht der Gegenschlag, auf Angriff nicht Vergeltung, auf Haß nicht Haß, sondern Liebe. Ziel ist nicht, den ehemaligen Unterdrücker zu unterdrücken und die ehemaligen Unterdrückten zu Unterdrückern zu machen. Gewalt ist auf Unterwerfung aus; Gewaltlosigkeit aber auf Versöhnung. *Gewaltlosigkeit ist Macht; aber sie ist der richtige und gute Gebrauch der Macht. In positiver Weise kann sie den weißen Mann ebenso wie den Neger retten ... Eine vom Schuldgefühl verfolgte weiße Minderheit fürchtet, daß der Neger, wenn er die Macht bekommt, ohne Hemmung und Mitleid vorgehen wird, um die in Jahren angehäuften Ungerechtigkeiten und Brutalitäten zu rächen. Der Neger muß zeigen, daß der weiße Mann nichts zu fürchten hat; denn der Neger ist bereit zu vergeben. Eine Massenbewegung, die Gewaltlosigkeit praktiziert und disziplinierte Macht demonstriert, müßte die weiße Gesellschaft davon überzeugen, daß solch eine Bewegung ... ihre Macht im schöpferischen Sinn und nicht zur Rache benutzen würde.*[146] Wer Gewaltlosigkeit als Mittel der Konfliktlösung zwischen Menschen akzeptiert, der läßt es nicht «daraufankommen», sondern er möchte der Gewalt «zuvorkommen» und dem Gegner «entgegenkommen». Der Gewaltlose schlägt nicht zurück. Er schlägt vielmehr etwas vor, das der Gegner mittragen kann als ersten Schritt eines Gesprächs und Anfang einer bisher nicht entdeckten Gemeinsamkeit.

Als King 1955 im Busstreik von Montgomery seine theoretischen Kenntnisse in die Praxis überführte, konkretisierte sich seine Methode zu sieben grundsätzlichen Einsichten:

1. *Der gewaltlose Widerstand ist keine Methode für Feiglinge. Es wird Widerstand geleistet ... Es ist keine Methode träger Passivität ... Der Anhänger des gewaltosen Widerstandes ist nur insofern passiv, als er seinen Gegner nicht physisch angreift; sein Geist und seine Gefühle aber sind immer aktiv. Sie versuchen ständig, den Gegner zu überzeugen, daß er im Unrecht ist. Die Methode ist körperlich passiv, aber geistig stark aktiv.*[147]

2. *Wer gewaltlosen Widerstand leistet, muß oft durch Boykotte oder dadurch, daß er seine Mitarbeit versagt, protestieren.*[148] King jr. betonte und bewies im Alltag, daß es ihm nicht um Verhöhnung, Bloßstellung und Demütigung des politischen Gegners ging, sondern um Versöhnung. Gewalt dagegen kennt nur die Unterwerfung und Vernichtung des Gegners.

3. Es geht weiter darum, das Böse zu vernichten, nicht aber den, der es tut, den Bösen. Zwischen den Rassen besteht eigentlich keine tödliche Feindschaft. Aber einige Menschen wurden vom Bösen ergriffen. Seitdem tun sie Böses: Sie töten, lynchen, verachten, beleidigen. Sie müssen

Gedenkzug für King jr. in Milwaukee, Wisconsin, im April 1968

von diesem Bösen befreit werden, damit sie wieder zu sich selbst finden. Das geschieht dort, wo sie die Macht der Liebe und die Ohnmacht des Hasses kennenlernen. Wer sich dem gewaltlosen Widerstand verschreibt, bekämpft das Böse in der Welt mit seiner Bereitschaft, um der Überlegenheit der Liebe willen zu leiden. «Vielleicht müssen Ströme von Blut fließen, ehe wir unsere Freiheit gewinnen, aber es muß unser Blut sein», sagte Gandhi zu seinen Landsleuten, und King jr. hat das immer wieder den Schwarzen Amerikas durch sein Handeln und Leiden verdeutlicht.

4. Er wendete die neutestamentliche Lehre: «Wenn dir jemand auf die rechte Wange schlägt, dann halte ihm auch die linke Wange hin» (Matthäus 5, 39) konsequent an und war nicht bereit, mit gleicher Münze zurückzuzahlen. Er zerriß die Kette, nach der aus bösen Taten immerfort böse Taten hervorgehen müssen und setzte einen Neuanfang auch um den Preis des höchsten Opfers, des Lebens.

5. Der gewaltlose Mensch weigert sich, seinen Gegner zu hassen. Er verzichtet also nicht nur auf die Anwendung physischer Gewalt. Ebenso-

wenig sieht er sich in der Lage, psychische Gewalt, Formen der feineren Unterdrückung, der Verleumdung und die vielen Spielarten der Verachtung und Zurücksetzung anzuwenden. *Im Mittelpunkt der Lehre vom gewaltlosen Widerstand steht das Gebot der Liebe.*[149] King meinte jene Liebe, die den anderen achtet und von ihm her denkt, um ihm zu geben, was er braucht. In seiner konkreten Situation hieß das: *Da der Charakter des weißen Menschen durch die Segregation (Rassentrennung) sehr entstellt ist und seine Seele sehr gelitten hat, braucht er die Liebe des Negers. Der Neger muß den Weißen lieben, damit dessen Spannungen, Unsicherheiten und Ängste beseitigt werden.*[150] Die weißen Amerikaner besaßen zahllose Privilegien, wirtschaftliche Vorteile. Sie fürchteten, sie zu verlieren und reagierten aus Schwäche mit Angst. Aus der Angst erwuchs Gewalt und Brutalität. Diese verantwortungslose Angst der Weißen, die sie blind und besinnungslos auf die Schwarzen einschlagen ließ, sollte sich unter der Liebe des amerikanischen Schwarzen wandeln zu angstloser Verantwortung. Sie allein ist in der Lage, eine gemeinsame Zukunft zu entwerfen.

6. Ein ganz entscheidender Punkt für die Praxis des gewaltlosen Widerstandes ist nach King jr. der, daß *die Mittel so rein sein müssen wie das Ziel*[151]. «Der Zweck heiligt die Mittel» war eine Maxime, der er nicht zustimmen konnte. *Wenn die eine gerechte Gesellschaft zu entwickeln sucht, sagen einige, dann ... ist jedes Mittel recht, wenn es euch nur ans Ziel bringt – es können gewalttätige, es können unwahre Mittel sein ... Aber wir werden niemals Frieden in der Welt haben, bevor die Menschen überall anerkennen, daß Mittel und Zweck nicht voneinander zu trennen sind; denn die Mittel verkörpern das Ideal im Werden, das Ziel im Entstehen ... man kann gute Ziele nicht mit bösen Mitteln erreichen ... Wir müssen friedliche Ziele mit friedlichen Mitteln verfolgen.*[152]

7. Der gewaltlose Widerstand stellt eine Alternative dar zu dem seit Jahrtausenden vom Menschen immer wieder beschrittenen Weg von Krieg und Zerstörung, Haß, Vorurteil und Vergeltung, Barbarei und Brutalität, Menschenverachtung und blankem Zynismus. Ziel dieses anderen Weges der Konfliktlösung ist eine neue, enge Gemeinschaft der Versöhnten. King sprach gern vom «Haus der Welt». *Das ist das große, neue Problem der Menschheit. Wir haben ein großes Haus geerbt ... in dem wir zusammen leben müssen – Schwarze und Weiße, Morgenländer und Abendländer, Juden und Nichtjuden, Katholiken und Protestanten, Moslems und Hindus – eine Familie, die ... irgendwie lernen muß, in Frieden miteinander auszukommen.*[153]

King jr. rief auf zu einer *weltweiten Kameradschaft, die den Sinn für gute Nachbarschaft über den eigenen Stamm, die Rasse, die Klasse und die Nation ausdehnt ... bis zu einer allumfassenden, bedingungslosen Liebe zu allen Menschen.*[154] Das war keine Utopie. Das war und ist unabdingbare Notwendigkeit. Das war und ist auch nicht eine Handlungsanweisung für irgendeine Zukunft. Dafür war King zu sehr Realist. Diese Zukunft begann für ihn jetzt. Sie kann vorweggenommen werden. *Wir sehen vor der Tatsache, daß morgen heute ist. Wir stehen vor der ungestümen Dringlich-*

keit des Jetzt. In diesem ... Problem des Lebens und der Geschichte gibt es so etwas wie ein Zu-spät-Kommen ... Wir haben heute noch die Wahl Gewaltlose Koexistenz oder gewaltsame Vernichtung aller. Dies kann die letzte Chance der Menschheit sein, zwischen dem Chaos und der Gemeinschaft zu wählen.[155]

Mit dem siebten Punkt ging King jr. über die innenpolitisch-amerikanische Problematik zwischen Schwarzen und Weißen hinaus. Er nahm sie zum Beispiel und deutete sie als Vorläufer und Anfang einer weiterreichenden, weltweiten Zukunftsperspektive. In seiner Rede bei der Verleihung des Friedensnobelpreises am 10. Dezember 1964 in Oslo trug er dazu vor: *Neger in den USA haben – dem indischen Volk nachfolgend – bewiesen, daß Gewaltlosigkeit ... eine machtvolle, moralische Kraft darstellt, die zu gesellschaftlichen Veränderungen führt. Früher oder später müssen alle Menschen der Welt einen Weg finden, in Frieden zusammenzuleben ... Wenn das erreicht werden soll, muß der Mensch für alle menschlichen Konflikte eine Methode entwickeln, die Rache, Aggression und Vergeltung vermeidet. Die Grundlage einer solchen Methode ist die Liebe ... Ich glaube, daß unbewaffnete und bedingungslose Liebe das letzte Wort in der Wirklichkeit haben werden.*[156]

Die Stunde des Charismatikers

Man muß sich fragen, wie es dazu kommen konnte, daß King jr. eine so außerordentliche Wirkung hinterließ; daß er so viel «bewegte» und in Gang setzte; daß so viel mit ihm begann. Zweifellos hing das zusammen mit seiner ungewöhnlichen Persönlichkeit. Es muß etwas von ihm ausgegangen sein, was nur wenige besitzen. «Charisma» – mit «Ausstrahlung» sicher nur unzulänglich übersetzt – nennt man diese seltene Gabe, die sich in Worten und Gebärden, im Tonfall und in der ganzen Erscheinung auf andere so auswirkt, daß sie Vertrauen, Kraft gewinnen, glauben. Ein «Charismatiker» gibt den Menschen das Gefühl, etwas wert zu sein. Sie sehen in ihm eine Hilfe, eine Stütze, einen Halt. Sie trauen ihm, und sie trauen ihm etwas zu. Er verkörpert etwas, wonach sie sich sehnen, und das sie nun durch ihn und mit ihm für erreichbar halten. Bei einem gewissenlosen Menschen kann das «Charisma» Mittel zur schlimmsten Verführung, zum «unheilvollen» Ereignis werden. Das «Charisma» eines gefestigten Menschen ist Ausgangspunkt neuer Hoffnung, der Anfang eines Lebens, in dem sich Sinn versammelt. «Charisma» hat etwas zu tun mit einem neuen Geist, der, oft lange verschüttet, in einem Menschen zumeist plötzlich eine glaubhafte Gestaltung, eine Vertrauen rechtfertigende Gestalt annimmt. In King jr. verkörperte sich zweifelsohne dieser neue Geist der Hoffnung. King «transportierte» ihn in der sichtbaren Form seiner Person und der hörbaren Unausweichlichkeit seiner Stimme und seiner folgerichtigen Gedanken aus den Bereichen der nur schönen Vorstellung in den Alltag der Schwarzen Amerikas. «Charisma» ist offenbar etwas,

was jemand nicht hat, sondern von dem er ergriffen wird. Es bricht hervor. Es ergreift Besitz von einem Menschen. Es befähigt ihn zu außergewöhnlichen Leistungen. In der Geschichte des Menschen hat es solche Durchbrüche immer wieder gegeben, und es ist bezeichnend, daß durchweg «Befreiergestalten» Träger des «Charisma» wurden. Zu ihnen gehören sicher auch Abraham, Moses und Jesus, Franz von Assisi, Gandhi, vielleicht auch J. F. Kennedy, Dom Helder Câmara und Ernesto Cardenal. Der Charismatiker stiftet Menschen an, oftmals jahrhundertealte Gesetze und Gewohnheiten zu verlassen und sich an neue Ziele, neue Aufgaben heranzuwagen. Er geht voran, und das Erstaunliche ist: Andere Menschen folgen ihm nach.

Die Stunde des charismatischen Durchbruchs ist an eine geschichtliche Konstellation gebunden, die genauer beschrieben sein muß. Nicht zu jedem Zeitpunkt «zündet» der Funke. Es gibt Bedingungen, in denen alle Bemühungen um einen Neuanfang der Hoffnung vergeblich sind. Die geschichtliche Situation muß so beschaffen sein, daß in ihr ein untragbarer Zustand mit einem gerade aufbrechenden Moment der Hoffnung, ihn zu überwinden, zusammentrifft. Tritt an diesem Schnittpunkt ein Mensch auf, der das Elend kennt und den Weg aus ihm glaubhaft markiert, dann ist dies die Stunde, in welcher «die Zeit erfüllt ist». «Kairos» nennt das Neue Testament diesen Augenblick. Am Anfang der großen, nach vorn greifenden geschichtlichen Durchbrüche stand nicht die Verzweiflung, sondern die Hoffnung. Die ungerechte, unerträgliche Situation ist die Voraussetzung für den Durchbruch. Aber erst wenn eine Perspektive, eine Dimension, wohin es geht, hinzukommt, ist die «Zeit reif». Aus dem Endstadium einer bedrängenden geschichtlichen Konstellation, der gleichzeitig gegen alle Anzeichen neugeschöpften Hoffnung und dem Auftreten eines Menschen, der Träger dieser Hoffnung als Redner der Reden und Täter der Taten ist, speist sich der «Kairos». Martin Luther King stand in ihm. Alle Bedingungen trafen zu, als er 1955 an die Spitze der Bürgerrechtsbewegung von Montgomery gerufen wurde. Die Zeit war da. Sie schrie nach Ausdruck, und sie fand ihn in ihm. Er war der Berufene. Das erklärt, warum er so weit in Zeit und Raum wirkte.

«Der Sklave in mir»

Viele Menschen empfinden Angst, wenn sie zu einer Behörde gehen müssen. Diese Angst erhöht sich, wenn dem Besuch eine behördliche Aufforderung voranging. Das Bürgermeisteramt, die Stadtverwaltung oder gar ein Gerichtsgebäude betritt man mit anderen Gefühlen als ein Kino oder eine Badeanstalt. Beamten wird Respekt entgegengebracht. Sie gelten als «die da oben». Man billigt ihnen hohe Autorität zu, unabhängig davon, ob sie sie verdienen. Bei Gericht wird die Sonderstellung der behördlichen Vertreter noch deutlicher. Sie tragen eine ehrfurchtgebietende Robe. Sie sitzen erhöht. Sie sind die Herren des Verfahrens. Auch

King jr. kannte diese Angst vor der scheinbar übermächtigen, in ihrem Auftreten einschüchternden Autorität. Er hat sie selbst durchlitten, als er Sprecher der MIA von Montgomery war. Beißender Spott und unverhohlener Zynismus ließen ihn fast verstummen. Dabei entdeckte er den «Sklaven in sich». «Der Sklave in mir» brachte ihn dazu, sich vor den Schranken des Gerichts als Untertan zu fühlen, so, wie es alle Schwarzen seit Jahrhunderten taten. Wie sie hatte er den Spruch des Gerichts, wie immer er auch ausfiel, zu akzeptieren. Aber in einer viertägigen Verhandlung vom 19. bis 22. März 1956 verlief alles anders. King übernahm die ihm in der Inszenierung zugedachte Rolle nicht. Er war angeklagt, in Alabama einen rechtswidrigen Boykott organisiert zu haben. Das Gericht erklärte ihn für schuldig und verurteilte ihn zu einer Strafe von 500 Dollar oder 386 Tagen Zwangsarbeit. Sein Anwalt legte Berufung ein, und er kam gegen Kaution frei. Aber: *Mich befiel am Schluß der Verhandlung ein Gefühl des Mitleids mit Richter Carter.*[157] Der Richter hatte Angst. Er fürchtete um seinen Posten, seine Karriere, wenn er nicht tat, was man von ihm erwartete. In dieser Sitzung sah King, wie das mühsam zusammengehaltene Gerüst wackelte. Er sah, wo die Fassade abbröckelte und die erbärmliche, jammervolle Innenseite bloßlegte. Der Angeklagte sprach den Richter schuldig; der Angeklagte durchschaute seinen Richter. Das, was King jr. zum Sklaven gemacht hatte, war damit abgeworfen. Zweieinhalb Jahre später gab King dafür den Beweis. Er wollte am 3. September 1958 an einer Verhandlung in Montgomery teilnehmen, bei der sein Freund Ralph Abernathy als Zeuge aussagen mußte. Im Gerichtsgebäude wurde King jr. von Polizisten mißhandelt und willkürlich festgenommen. Richter Eugene Loe verurteilte ihn am 5. September wegen «Widerstands gegen Polizisten». King bat ums Wort:

Euer Ehren. Sie haben zweifellos ein Urteil gefällt, das Sie für gerecht und angemessen halten. Doch muß ich wiederholen, daß ich unschuldig bin. Ich versuchte lediglich, an der Verhandlung gegen einen guten Freund teilzunehmen, und lungerte zu keinem Zeitpunkt herum. Ich wurde grundlos ein Opfer polizeilicher Willkür. Ich wurde auf der Treppe des Gerichts gepackt; mit verdrehten Armen auf die Straße geschoben, gewürgt und getreten. Dennoch bewahre ich in meinem Herzen weder Groll noch Bitterkeit gegen die betreffenden Polizisten. Ich empfinde Mitleid mit ihnen als Brüder und Mitmenschen, die nach dem Bild Gottes erschaffen sind. Sie waren nicht voll verantwortlich für ihre Taten. Diese Männer, wie nur allzu viele unserer weißen Brüder, sind Opfer ihrer Umwelt – einer Umwelt, die durch die Unmenschlichkeit der Sklaverei und Segregation von mehr als drei Jahrhunderten blind geworden ist.

Euer Ehren, Sie haben mich für schuldig befunden. Gestern nacht gingen meine Frau und ich unter Gebeten mit uns zu Rate, wie ich mich verhalten sollte, wenn dieser Fall eintreten würde.

Wir kamen zu dem Schluß, daß ich nicht guten Gewissens eine Strafe zahlen könnte für eine Tat, die ich nicht begangen habe, und vor allem nicht für die brutale Behandlung, die ich nicht verdiene. Bei aller schuldigen Hochachtung für Sie und Ihr Gericht muß ich doch diesen Standpunkt beziehen.

Seien Sie versichert, Euer Ehren, daß mein Verhalten weder eine theatralische Geste noch ein Reklametrick ist, denn moralische Überzeugungen stammen nie aus dem selbstsüchtigen Drang nach Publizität. Noch treibt mich der Wunsch, ein Märtyrer zu sein, denn ohne Liebe wird selbst das Märtyrertum zum geistigen Hochmut. Mein Verhalten wird bestimmt durch die zwingende Stimme des Gewissens und den Wunsch, der Wahrheit und dem Willen Gottes zu folgen, wo sie auch hinführen mögen. Da ich die Strafe nicht zahlen will, werde ich die von Ihnen gebotene Alternative bereitwillig und ohne Groll annehmen.

Diese Entscheidung treffe ich auch aus der Sorge über Ungerechtigkeit und Erniedrigung, die mein Volk noch immer erduldet. Die Brutalität, der die Neger in vielen Gebieten des Südens ausgesetzt sind, ist heutzutage zur Schande Amerikas geworden ... Die Neger können nicht länger schweigend die Brutalität der Polizei und die Gewalttätigkeiten des Mobs erdulden. Wir können es nicht, weil Gott, der uns alle erschaffen hat, uns befiehlt, dem Bösen zu trotzen ...

Schließlich treffe ich diese Entscheidung aus Liebe zu Amerika und zu den erhabenen Prinzipien der Freiheit und Gleichheit, auf denen es gründet. Ich habe erkannt, daß Amerika in Gefahr ist, seine Seele zu verlieren und dadurch in verhängnisvolle Anarchie und lähmenden Faschismus abzugleiten. Etwas muß geschehen, um das schlummernde Gewissen Amerikas zu wecken, ehe es zu spät ist. Die Zeit ist gekommen, da vielleicht nur bereitwillig ertragenes Leiden und gewaltloser Protest Unschuldiger diese Nation aufrütteln können, Brutalität und Gewalt – diese Geißel des Negers, der nur vor Gott und den Menschen in Würde leben will – zu bannen.[158]

Die Unerschrockenheit, die Martin Luther King auszeichnete und die ihn vor Hunderttausenden von Menschen, vor Präsidenten und Senatoren, Staatsoberhäuptern und führenden Wissenschaftlern dieser Welt, vor Fernsehkameras und Rundfunkmikrofonen sprechen ließ, gab ihm niemand von Geburt an mit. Er mußte erst den quälenden Sklavengeist ablegen. Aber als das gelang, trat er wie Moses vor die vielen Pharaonen dieser Welt und forderte Gerechtigkeit für sein Volk. «Geh hin, Mose, geh nach Ägyptenland, sag Alt-Pharao: Laß mein Volk frei.»

Anmerkungen

1. Friedrich Hacker: «Aggression. Die Brutalisierung der modernen Welt». Reinbek 1973. S. 17
2. Ebd., S. 98
3. Vgl. Erich Fromm: «Anatomie der menschlichen Destruktivität». Reinbek 1977. S. 21, 245
4. TH 101
5. FHA 75
6. FHA 58
7. FHA 78
8. FHA 82
9. Vgl. TH 124
10. FHA 171
11. FHA 184
12. H. D. Thoreau: «Über die Pflicht zum Ungehorsam gegen den Staat». Zürich 1973. S. 63
13. FHA 178
14. FHA 193
15. M. L. King sen.: «Die Kraft der Schwachen». Stuttgart 1982. S.46–49
16. Ebd., S. 154
17. Ebd., S. 160
18. Ebd., S. 250
19. Ebd., S. 226
20. Ebd., S. 231
21. Ebd., S. 235
22. F 9f
23. Thoreau, a. a. O., S. 11
24. Ebd., S. 20
25. F 70
26. F 71f
27. Vgl. H. J. Schultz: «Liebhaber des Friedens». Stuttgart 1982. S. 100f
28. F 73f
29. Heimo Rau: «Mahatma Gandhi», Reinbek 1975. S. 86f
30. RWM 29
31. F 75
32. H. E. Bahr in «Die Zeit» Nr. 41/1982, S. 40
33. Ebd.
34. Coretta Scott-King: «Mein Leben mit Martin Luther King». Gütersloh 1979. S. 52
35. CSK 85
36. CSK 98; F 38
37. CSK 99
38. F 38; vgl. F 152
39. CSK 103
40. CSK 103
41. Vgl. CSK 104f und WRM 50f
42. CSK 106
43. WW 97
44. CSK 109
45. CSK 108
46. CSK 114
47. CSK 114f
48. KL 206f
49. CSK 131
50. CSK 131
51. Vgl. KL 55
52. CSK 134
53. CSK 135
54. CSK 140
55. CSK 141
56. Vgl. CSK 142f
57. Vgl. CSK 147 und WW 15
58. CSK 148
59. CSK 149
60. CSK 54
61. CSK 151
62. Vgl. WF 208f
63. CSK 162
64. CSK 169
65. RWM 114
66. CSK 170
67. Lerone Bennett jr.: «Before the Mayflower». Chicago 1964. S. 322
68. CSK 172
69. CSK 178f
70. WW 42
71. CSK 186
72. WW 61f
73. WW 55
74. WW 68f
75. WW 70
76. WW 70
77. CSK 191
78. WW 70f

79 WW 82f
80 WW 95
81 CSK 197
82 WW 129
83 CSK 197
84 WW 99
85 CSK 197
86 WW 101
87 WW 102f
88 Bennett jr., a. a. O., S. 340
89 WW 103f
90 WW 106
91 WW 109
92 William Peirce Randel: «Ku-Klux-Klan». München 1965. S. 60f
93 CSK 208
94 WW 110
95 Bennett jr., a. a. O., S. 349
96 WW 114f
97 WW 120f
98 CSK 205
99 TH 121f
100 Bennett jr., a. a. O., S. 344f
101 «Time». Atlantic Edition, 3. Januar 1964, S. 19
102 Vgl. RWM. S. 208
103 KL 221f
104 RWM 215
105 Ebd.
106 SW 76
107 SW 76f
108 «Time», 1. Dezember 1975: «The Crusade to Topple King»
109 CSK 217
110 CSK 217
111 FHA 319
112 CSK 222
113 CSK 225f
114 RWM 229
115 RWM 230
116 CSK 231 und vgl. RWM 233
117 RWM 234
118 RWM 240
119 RWM 242
120 RWM 243
121 «Die Weltwoche» Nr. 1706, S. 15 (22. Juni 1966), Predigt über Lukas 11, 5–6
122 TH 89
123 Vgl. WF 208f
124 TH 102f
125 AU 44f. Vgl. vor allem AU 111
126 F 126
127 CSK 254
128 CSK 255
129 SW 136f
130 SW 128f
131 CSK 262f
132 TH 115ff
133 CSK 264
134 AU 88f
135 TH 107f
136 CSK 270
137 CSK 284f
138 Vgl. Martin Luther King sen.: «Die Kraft der Schwachen». Stuttgart 1982. S. 222, 250
139 S. 29
140 FHK 166
·141 Vgl. F 69f; KL 223–234; WW 78f; SW 72f; AU 85–101
142 F 152f
143 WW 82
144 F 153
145 F 155
146 WW 78f
147 F 80
148 F 81
149 F 82
150 F 83f
151 Vgl. AU 110f; SW 112f
152 AU 110f
153 SW 87
154 SW 108
155 SW 109
156 SW 77f
157 F 122f
158 SW 41f

Zeittafel

1929 15. Januar: Martin Luther King jr. als zweites Kind der Eheleute Martin Luther King sen. und Alberta King, geb. Williams, in Atlanta, Georgia, geboren
1944 Beginn des Studiums am Morehouse College in Atlanta, damals der einzigen Hochschule für Schwarze
1946 King jr. entschließt sich, Pfarrer zu werden. Er hält eine Predigt in der Ebenezer-Baptistenkirche seines Vaters
1947 Ordination. Hilfsprediger in Atlanta
1948 Studium der Theologie am Crozer-Theologischen Seminar in Chester. King jr. liest die Schriften von Mahatma Gandhi
1950 Ralph Bunche erhält den Friedensnobelpreis
1951 King jr. besteht die Diplomprüfung und erhält einen Preis sowie ein Stipendium. Er geht an die Universität Boston, um zu promovieren. Abschluß der Doktorarbeit Frühjahr 1955
1952 King jr. lernt Coretta Scott kennen. Heirat am 18. Juni 1953
1954 1. September: King jr. tritt eine Pfarrstelle in Montgomery, Alabama, an
1955 17. November: Geburt der Tochter Yolanda. 5. Dezember: Beginn des Busstreiks
1956 30. Januar: Bombenattentat auf das Haus von King jr.
1957 Gründung der SCLC, King jr. wird Präsident. 23. Oktober: Geburt von Martin Luther King III
1958 19. September: Attentat auf King jr.
1959 Reise nach Indien. Im November Umzug nach Atlanta
1960 Gründung der SNCC. Im Herbst wird King jr. in Atlanta verhaftet und durch das persönliche Eingreifen von J. F. Kennedy freigelassen; dieser wird im November zum Präsidenten gewählt
1961 Im Dezember wird King jr. in Albany, Georgia, festgenommen
1962 Geburt des Sohnes Dexter
1963 Geburt der Tochter Bernice Albertine am 28. März. Ab Ostern Beginn der Kampagne in Birmingham, Alabama, zur Aufhebung der Rassentrennung. 12. April: King jr. verhaftet. 2. Mai: Protestmärsche der Kinder. 10 Mai: Übereinkunft von Birmingham. 12. Juni: Medgar Evers erschossen. 27. August: W. E. B. DuBois stirbt in Accra, Ghana. 28. August: Marsch auf Washington. King jr. hält seine berühmte Rede: «Ich habe einen Traum». 15. September: Bombenanschlag auf Kirche in Birmingham. 22. November: Ermordung von J. F. Kennedy
1964 King jr. in der Bundesrepublik. 21. Juni: Schwerner, Chaney und Goodman

von Rassisten ermordet. 10. Dezember: Verleihung des Friedensnobelpreises an King jr.

1965 21. Februar: Malcolm X in New York erschossen. Demonstrationen in Chicago.

1966 Kampagne in Chicago gegen Rassendiskriminierung. 26. August: Übereinkunft von Chicago. Beginn der «Black Power»-Bewegung

1967 Mehrere anklagende Reden von King jr. gegen den Krieg in Vietnam. 15. April: King jr. nimmt an einem Friedensmarsch in New York teil. Schwere Rassenunruhen in New York und Detroit

1968 Vorbereitungen für den Marsch der Armen nach Washington. Februar: Streik der Müllarbeiter in Memphis, Tennessee. Ein Protestmarsch am 28. März muß nach Ausschreitungen abgebrochen werden. 4. April: King jr. wird erschossen. 9. April: Beerdigung in Atlanta

In den Vereinigten Staaten wird der Geburtstag von Martin Luther King jr. durch Gesetz zum nationalen Feiertag erklärt und 1986 erstmals gefeiert.

Zeugnisse

Jesse Owens
Das gibt es doch nicht, das darf doch nicht wahr sein. Ist das unsere Welt, die Welt, in der ... bewundernswerte junge Männer kaltblütig niedergeschossen werden, nur weil sie dafür eintreten, daß jeder die gleiche Chance haben soll? *«Schwarze Gedanken». Dortmund 1972*

Gunnar Myrdal
Dr. King hatte recht, wenn er daran festhielt, daß eine Lösung niemals durch Gewalt kommen kann. *«New York Post», 9. April 1968*

Stokely Carmichael
Als das weiße Amerika ihn tötete, hat es uns den Krieg erklärt. Aber es hat den Krieg bereits verloren, indem es Dr. King und nicht einen von uns tötete. Denn er war der einzige, der den Versuch machte, unsere Leute zur Liebe, zum Mitleid und zur Gnade für die Weißen zu erziehen. Das will nun keiner mehr. *5. April 1968*

Mahalia Jackson
Seit dem Schock seines Todes habe ich versucht, mir mit Gründen zu erklären, dies sei Gottes Wille ... Aber ich bin schwankend geworden.
«New York Post», 10. April 1968

U Thant
Ein Mensch, der unablässig und gewaltlos für die Sache des Friedens, der internationalen Verständigung und der Menschenrechte wirkte.

Papst Paul VI.
Ein Beispiel für die Tugend der Gerechtigkeit und internationaler Liebe.

E. C. Blake
Nach internationalem Konsensus war Dr. King einer der ersten Weltbürger ... Für die Kirche war er der führende amerikanische Geistliche im Dienste Christi.
«Deutsches Pfarrerblatt», Nr. 10, Mai 1968, S. 368

Harvey Cox
Um seinetwillen bin ich stolz, Baptist zu sein.

J. Edgar Hoover
Martin Luther King ist der notorischste Lügner des Landes.
November 1964

Martin Fischer
Martin Luther King ist in einem einzigartigen Frontdienst Doktor der Theologie gewesen.
«Deutsches Pfarrerblatt», Nr. 11, 1968, S. 404

Andrew Young
Martin Luther King jr. war der Sohn eines überragenden Mannes. Wer die Lebensgeschichte des Vaters liest, wird den Sohn besser verstehen. Beide sind aus demselben Holz geschnitzt.
M. L. King sen.: «Die Kraft der Schwachen». Stuttgart 1982. S. 263

Harry Belafonte und Stanley Levison
Unbestreitbar gehörte er zu den bedeutendsten schwarzen Führern der Geschichte. Doch er war ebenso ein Vorbild für Millionen Weißer, die durch ihn vor allem dies lernten, daß sie sich selbst erniedrigten, indem sie Schwarze herabwürdigten, und daß sie gewannen, wenn sie die Befreiung der Schwarzen unterstützten.

Bibliographie

Werke

Martin Luther King. Warum wir nicht warten können. Berlin 1967 = WW
Martin Luther King. Die Kraft zum Lieben. Neukirchen-Vluyn 1997 = KL
Martin Luther King. Wohin führt unser Weg? Chaos oder Gemeinschaft. Düsseldorf 1968 = WF
Martin Luther King. Aufruf zum zivilen Ungehorsam. Düsseldorf 1993 = AU
Martin Luther King. Testament der Hoffnung. Gütersloh 1979 = TH
Martin Luther King. Freiheit. Von der Praxis des gewaltlosen Widerstandes. Wuppertal 1982 = F
Martin Luther King. Schöpferischer Widerstand. Gütersloh 1980 = SW
Martin Luther King. Ein Traum lebt weiter. Freiburg i. Br. 1986
Martin Luther King. Ausgewählte Texte. München 1988
Martin Luther King. Der Traum von Frieden. Gütersloh ³1991
Martin Luther King. Mein Traum vom Ende des Hassens. Freiburg i. Br. 1994
Martin Luther King. Ich habe einen Traum. Düsseldorf 1999
Martin Luther King. Die neue Richtung unseres Jahrhunderts. Berlin 1988
Martin Luther King. Ausgewählte Kostbarkeiten. Lahr 1995
Martin Luther King. Ich habe einen Traum. Hg. Christian Zippert. Gütersloh 1996

Werke aus dem Kreis der Familie King

CORETTA SCOTT-KING: Mein Leben mit Martin Luther King. Gütersloh ²1979 = CSK
MARTIN LUTHER KING sen.: Die Kraft der Schwachen. Geschichte der Familie King. Stuttgart 1982
MARTIN LUTHER KING sen:. Aufbruch in eine bessere Welt. Berlin 1984

Werke über Martin Luther King

BAHR, HANS-ECKEHARD: Seht, da kommt der Träumer. Unterwegs mit Martin Luther King. Stuttgart 1990
BENEDICT, HANS-JJÜRGEN: Ziviler Ungehorsam als christliche Tugend. Frankfurt a. M. 1989

Garrow, David J.: The FBI and Martin Luther King jr. New York 1981
Grosse, Heinrich: Die Macht der Armen. Martin Luther King und der Kampf für soziale Gerechtigkeit. Hamburg 1971 = HGM
Hetmann, Frederik: Das schwarze Amerika. Freiburg-Basel-Wien 1970 = FHA
Hetmann, Frederik: Martin Luther King. Hamburg ³1979 = FHK
Jäger, Hans Ulrich: Politik aus der Stille. Zürich 1980
Miller, William Robert: Wir werden überwinden. Martin Luther Kings Leben, Martyrium und Vermächtnis. Kassel 1970 = RWM
Oates, Stephen B.: Martin Luther King. Kämpfer für Gewaltlosigkeit. Hamburg 1984
Pepper, William F.: In der Schusslinie. Die wahren Hintergründe der Ermordung von Martin Luther King. Bergisch Gladbach 1998
Schultz, Hans-Jürgen (Hg.): Politik ohne Gewalt. Beispiele von Gandhi bis Camata. Stuttgart-Berlin 1971
Schultz, Hans-Jürgen: Liebhaber des Friedens. Stuttgart 1982
Zitelmann, Arnulf: Keiner dreht mich um. Die Lebensgeschichte des Martin Luther King. Weinheim 1997

Weitere Literatur

Altner, Günter (Hg.): Kreatur Mensch. Moderne Wissenschaft auf der Suche nach dem Humanum. München 1973
Baldwin, James: Hundert Jahre Freiheit ohne Gleichberechtigung. Reinbek 1964
Bennett, Lerone jr.: Before the Mayflower. A History of the Negro in America 1619–1964. Chicago 1964
Bonhoeffer, Dietrich: Widerstand und Ergebung. Gütersloh ¹¹1980
Cleaver, Eldridge: Seele auf Eis. München 1969
Cleaver, Eldridge: Nach dem Gefängnis. Reinbek 1974
Deats, Richard: Martin Luther King. Neue Stadt. Traum und Tat. 2001
Dürr, Otto: Frieden – Herausforderung an die Erziehung. Stuttgart 1971
Ebert, Theodor: Gewaltfreier Aufstand. Alternative zum Bürgerkrieg. Freiburg i. Br. 1967
Fromm, Erich: Anatomie der menschlichen Destruktivität. Reinbek 1977
Galtung, Johann, D. S. Lutz und W. Röhrich: Überleben durch Partnerschaft. Gedanken über eine friedliche Welt. Opladen 1990
Hacker, Friedrich: Aggression. Die Brutalisierung der modernen Welt. Reinbek ⁴1977
Huber, Wolfgang: Die tägliche Gewalt. Gegen den Ausverkauf der Menschenwürde. Freiburg 1993
Jackson, Jesse: Mit der Stimme des Herzens. Ansprachen und Predigten. Neukirchen-Vluyn 1988
Jackson, Mahalia: Mein Leben. Berlin 1974
Loth, Heinrich: Sklaverei. Die Geschichte des Sklavenhandels zwischen Afrika und Amerika. Wuppertal 1981
Löwe, David: Ku-Klux-Klan. The invisible Empire. New York 1967
Merton, Thomas: Gandhi on Nonviolence. New York 1965
Milgram, Stanley: Das Milgram-Experiment. Zur Gehorsamsbereitschaft gegenüber Autorität. Reinbek bei Hamburg 1997

MYRDAL, GUNNAR: An American Dilemma. New York 1944, 2. rev. Auflage 1962
NOACK, HANS-GEORG: Der gewaltlose Aufstand. Würzburg 1989
PRESLER, GERD: Nachfolge in Gewaltlosigkeit: Martin Luther King. In: Christsein im Spannungsfeld von Mystik und Politik. Ostfildern 1993
RAGAZ, LEONHARD: Die Bergpredigt Jesu. Hamburg 1971
RANDEL, WILLIAM PEIRCE: Ku-Klux-Klan. München 1965
RAU, HEIMO: Mahatma Gandhi. Reinbek ^{27}2002
RAUSCHENBUSCH, WALTER: Christianity and the social crisis. New York 1912
THOREAU, HENRY D.: Walden oder Leben in den Wäldern. Zürich 1971
THOREAU, HENRY D.: Über die Pflicht zum Ungehorsam gegen den Staat. Zürich 1973
THOREAU, HENRY D.: Leben aus den Wurzeln. Freiburg i. Br. 1982
TILLICH, PAUL: Die politische Bedeutung der Utopie im Leben der Völker. Berlin 1951
WALDSCHMIDT-NELSON, BRITTA: Gegenspieler. Martin Luther King – Malcom X. Frankfurt a. M.
WEHR, GERHARD: Paul Tillich. Reinbek ^{2}1987
WERBIK, HANS: Theorie der Gewalt. München 1974

Filme

«... dann war mein Leben nicht umsonst». Zum 25. Todestag des amerikanischen Bürgerrechtlers Martin Luther King. Regie: Elie Landau. Deutsche Bearbeitung und Redaktion Hermann Feicht. ZDF 1993

Abby Mann (Buch und Regie): «King» – Serie in fünf Teilen mit Paul Winfield und Cicely Tyson. Filmways International Production. Deutsche Fassung Bavaria Atelier GmbH. Dialoge und Dialogregie Werner Uschkurat

Namenregister

Die kursiv gesetzten Zahlen bezeichnen die Abbildungen

Abernathy, Juanita 42, 71
Abernathy, Ralph 42, 44, 49, 51, 52, 55, 57, 59, 61, 68, 70, 74f, 82, 101, 123, 127, 130, 133, 145, *70, 81, 111, 116, 128*
Allen, Ivan 131
Anderson, Marion 43
Anderson, Norma 71
Anderson, William G. 70, *70*
Antonio 11
Aristoteles 35
Attucks, Crispus 13

Bahr, H. E. Anm. 32
Baker, Ella 55, 58
Baker, Wilson 112
Baldwin, James 90, 98, *90*
Belafonte, Harry 55, 74, 82, 114, 131, 133, *56*
Bennett jr., Lerone Anm. 67, 88, 95, 100
Bennett, Tony 114
Bennette, Fred C. 68
Bernstein, Leonard 114
Bevel, Dianne Nash 71
Billups, Charles 84
Blair jr., Ezell 62
Bonhoeffer, Dietrich 35
Boyd, Malcolm 115
Brady, Tom 24
Branch, Ben 130
Brandt, Willy 101, *100*
Brightman, Edgar Sheffield 39
Brown, John 15f
Bunche, Ralph Johnson 23, 58, 61, 114
Bunyan, John 79

Câmara, Dom Helder Pessoa 144
Cardenal, Ernesto 144

Carmichael, Stokely 69, 116, *117*
Castro, Fidel 85
Chaney, James 99
Chenault, Marcus Wayne 30
Clark, Jim 109, 114
Collins, Le Roy 110
Colvin, Claudette 44
Connor, Eugene «Bull» 72, 75, 77, 83f, 129, *77*
Corbin, Jack 49
Crenshaw, Jack 51
Cross, Pfarrer 87
Curry, Isola 60, 126

Daley, Richard 116f
Davis, Jefferson 46
Davis jr., Sammy 114
DuBois, W. E. Burghard 19, 122f

Eckford, Elizabeth 24
Eckstine, Billy 114
Eisenhower, Dwight David 24, 58
Ellington, Duke (Edward Kennedy Ellington) 55, *56*
Enslin, Morton Scott 35
Evers, Medgar 86f, 96, *89*

Farmer, James 98
Forrest, Nathan Bedford 17
Franz von Assisi (Giovanni Bernardone) 144
Fromm, Erich Anm. 3

Gabriel 14
Gandhi, Indira 61
Gandhi, Mohandas Karamchand, Mahatma 9, 36f, 47, 60, 63, 64, 144, *37, 39*
Garrison, William Loyd 14f

Garvey, Marcus 20
Gayle, W. A. 52, 55
Gershwin, George 23
Goodman, Andrew 99
Granger, Lester B. 59
Gray, Fred D. 47
Green, Samuel 16

Hacker, Friedrich 7; Anm. 1
Halberstam, Michael 134
Hanes, Arthur 72
Heckel, Erich 10
Hegel, Georg Wilhelm Friedrich 39
Heidegger, Martin 39
Hitler, Adolf 87, 99
Hobbes, Thomas 35
Hoover, J. Edgar 102, 106f., *107*
Humphrey, Hubert Horatio 96

Iakovos, Erzbischof *111*
Isabella 12

Jackson, Jesse 118, 130
Jackson, Jimmy Lee 108
Jackson, Mahalia 92, 116, 133
Jackson, H. Ralph *128*
Jahn, Gunnar 102
Jaspers, Karl 39
Jefferson, Thomas 13f, 79, *15*
Jeremias 48
Jesus 9, 32, 35, 37, 50, 53, 54, 60, 73, 79, 80, 87, 101, 120, 144
Jewtuschenko, Jewgenij 134
Johnson, Lyndon Baines 96, 109, 113, 114, 115, 119, 121, 127, 131
Johnson, Mordecai 36
Jones, Solomon 130

Katzenbach, Nicholas 110
Kelsey, George D. 34
Kennedy, Edward Moore 131
Kennedy, John Fitzgerald 23, 64f, 68, 74, 79, 84, 85, 87, 91, 96, 101, 126, 144, *67*
Kennedy, Robert Francis 66, 68, 71, 74, 79, 85, 87, *73*
Kierkegaard, Sören 40
King, Alberta 28, 30, 32, 128, *27*
King, Alfred Daniel 28, 30, 32, 38, 40, 64, 69, 71, 79, 85f, 102, 114, 129, *27*
King, Bernice Albertine 74, *74/75, 132*
King, Christine 28, 32, 102, *27, 29*

King, Coretta 40f, 49, 52, 55f, 58, 59, 61, 64f, 67, 79, 92, 102, 106, 108, 114, 121, 126, 130, 133, 145; Anm. 34; *41, 48, 56, 74/75, 130, 131, 132, 137*
King, Delia 25f, 32
King, Derek 30
King, Dexter *74/75, 132*
King, James Albert 25f
King sen., Martin Luther 25f, 32f, 38, 40, 60, 61, 102, 114, 119; Anm. 15, 138; *27, 29*
King III, Martin Luther 30, 58, *65, 74/75, 132*
King, Naomi 30
King, Yolanda 42, 49, 52, 64, *48, 65, 74/75, 132*
Kirchner, Ernst Ludwig 10

Lawson, Jim 123, 127
Leakey, B. 10
Lee, Bernard 63, 68, 70, 82, 127
Lenud, Philip 40
Levison, Stanley 53, 55, 61, 64, 106f., 133
Lewis, John 92, 98
Lewis, Rufus 48
Lincoln, Abraham 16, 20, 58, 79, 96, *17*
Liuzzo, Viola 114
Locke, John 35
Loe, Eugene 60, 145
Loeb, Henry 123
Luther, Martin 79
Luthuli, Albert 105

Malcom X (Malcolm Little) 108f
Marshall, Burke 85
Marx, Karl 35, 39
Mather, Cotton 13
Maynard, A. D. 60
Mays, Benjamin E. 34, 133
McCall, Walter 34, 38
McKissick, Floyd *117*
McNeill, Joseph 62
Meredith, James 115
Mill, John 35
Miller, Webb 36
Mitchell, Richter 64, 66
Moore, William 87
Morgan, Juliette 53
Morton, Charles Evans 34
Moses 48, 144, 146

Muhammed, Elijah 109
Muste, A. J. 35f
Myrdal, Gunnar 101

Nehru, Jawaharlal 61
Newton, John 13
Niebuhr, Reinhold 36, 38
Nietzsche, Friedrich 40
Nixon, E. D. 44, 49, 55
Nixon, Richard Milhous 58, 67
Nkrumah, Kwame 58
Nobel, Alfred 105
Nolde, Emil (Emil Hansen) 10

Oswald, Lee Harvey 97
Owens, Jesse 21

Parker, Charlie 44
Parks, Rosa 44, 46f, 51, 55, 114, *46*
Paulus 35, 53, 79
Pechstein, Max 10
Picasso, Pablo (Pablo Ruiz y Picasso) 10
Platon 35
Powell, Adam Clayton 58, 102, 127
Powell, Mary 40
Price, Cecil 100

Rainey, Lawrence 100
Randel, William Peirce Anm. 92
Randolph, A. Philip 22, 58, 59, 91, 92
Rau, Heimo Anm. 29
Rauschenbusch, Walter 35
Ray, James Earl 134, *135*
Reeb, James 111
Reynal, Gomez 10f
Robinson, James 108
Robinson, Johnny 89
Roosevelt, Franklin Delano 22
Rousseau, Jean-Jacques 35
Rustin, Bayard 36, 53, 55, 61, 119, 123

Sartre, Jean-Paul 39
Schmidt-Rottluff, Karl (Karl Schmidt) 10
Schultz, H. J. Anm. 87
Schurz, Karl 17
Schwerner, Michael Henry 98f
Scott, Coretta s. u. Coretta King

Scott-King, Coretta s. u. Coretta King
Sellers, Clyde 52, 60
Shuttlesworth, Fred Lee 57, 72, 74, 85, 92, *111*
Siegethaler, John 68
Simmons, Joseph 21
Simone, Nina 114
Smiley, C. T. 52
Smiley, Glenn 55
Smitherman, Joe T. 109
Spellman, Francis Kardinal 106
Steele, C. K. 57
Stokes, Carl 121
Stowe, Harriet Beecher 16

Thoreau, Henry David 15f, 34, 38, 47; Anm. 12, 23; *16*
Till, Emmett 44
Tillich, Paul 38, 40
Tinbergen, Niko 7
Treitschke, Heinrich von 19
Tucker, William 12

Vasa, Gustavus 12
Verdi, Giuseppe 43
Vesey, Denmark 14

Wafford jr., Harris 64
Walker, Wyatt Tee *81*
Wallace, George 72, 86
Ware, Virgil 89
Warren, Earl 23, *20*
Washington, Booker Taliaferro 51
Whitney, Eli 14
Wieman, Henri Nelson 40
Wilkins, Roy 58, 59, 98
Williams, Adam Daniel 25, 28
Williams, Alberta s. u. Alberta King
Williams, Camilla 92
Williams, Jenny *27*
Williams, Mary Lucy 52
Wolf, Harold de 39, 133

Young, Andrew J. 68f, 82, 130
Young, Jean 71
Young jr., Whitney 98

Zwerg, James 68

Über den Autor

Professor Dr. Dr. Gerd Presler, geboren 1937 in Hannover, studierte an den Universitäten Münster, Berlin und Kopenhagen Germanistik, Pädagogik, Philosophie, Kunstgeschichte und Theologie. Promotion zum Dr. theol. 1970 mit einer Arbeit über Sören Kierkegaard. Promotion zum Dr. phil. 1996 mit einer Arbeit über Ernst Ludwig Kirchner.
  Wichtigste Veröffentlichungen: «Die Geschichte Jesu im Unterricht», 4. Aufl. Hannover 1976; «Aufbruch zum Frieden», 4 Bände, Hannover 1972 f.; «L'Art brut-Kunst zwischen Genialität und Wahnsinn», DuMont TB 111, Köln 1981; «Brücke an Dr. Rosa Schapire», Mannheim 1990; «Glanz und Elend der 20er Jahre. Die Malerei der Neuen Sachlichkeit», DuMont TB 285, Köln 1992; «Franz Radziwill. Die Druckgraphik. Werkverzeichnis, Karlsruhe/Dangast 1993; «Ekstase des ersten Sehens», Monographie und Werksverzeichnis der Skizzenbücher von Ernst Ludwig Kirchner, Karlsruhe/Davos 1996; «Ernst Ludwig Kirchner. Seine Frauen, seine Modelle, seine Bilder», München 1998. Katalog- und Lexikonbeiträge, Rezensionen und Aufsätze in den Zeitschriften «ART» (Hamburg), «Weltkunst» (München); «Die Kunst» (München); «Artis» (Bern und Stuttgart), «Ambiente» (München); «FAZ-Magazin» (Frankfurt/M.) zu Themen der Kunstgeschichte, besonders aus den Gebieten: «Neue Sachlichkeit»; «Deutscher Expressionismus»; «Art brut»; Kunst nach 1945 (Informel, CoBrA).

Quellennachweis der Abbildungen

Associated Press: 6, 8, 11, 15, 17, 23, 29, 50, 66, 81, 100, 109, 110, 111, 116, 117, 118, 128, 130, 131, 135 o., 135 u., 137, 140
Radio Times Hulton Picture Library: 16
dpa: 19, 21, 22, 26, 54, 62, 67, 73, 97, 103, 107, 129, 143
Camera Press: 20
Aus: Coretta Scott King, My Life with Martin Luther King jr.: 27, 33, 41, 42, 48, 59, 70, 74/75, 84, 112/113, 132
Photo Division, Ministry of I and B, Government of India: 37, 39
Martin Luther King jr. Center, Atlanta: 43
Black Star Publishing Co: 56, 65
Aus: Flip Schulke, Martin Luther King jr.: 45, 46, 47, 69, 77, 78, 82/83, 88, 89, 93, 99, 125
Rowohlts Archiv: 90
Jay Leviton, Atlanta: 95
Aus: Alistair Cooke's America: 18

rowohlts monographien

Politik und Geschichte

Anne Frank
Matthias Heyl
3-499-50524-X

Kemal Atatürk
Bernd Rill
3-499-50346-8

Friedrich II. der Große
Georg Holmsten
3-499-50159-7

Mahatma Gandhi
Heimo Rau
3-499-50172-4

Adolf Hitler
Harald Steffahn
3-499-50316-6

Katharina die Große
Reinhold Neumann-Hoditz
3-499-50392-1

Marco Polo
Otto Emersleben
3-499-50473-1

Napoleon
André Maurois
3-499-50112-0

Willy Brandt
Carola Stern
Wie nur wenigen Politikern gelang es Willy Brandt, die Herzen der Menschen zu erobern. Unbestritten ist er einer der bedeutendsten Staatsmänner des 20. Jahrhunderts.

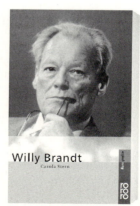

3-499-50576-2